AF369399

TRAITÉ

DU

TRENTE-QUARANTE

TRAITÉ COMPLET

DU

TRENTE-QUARANTE

DE

SES RAPPORTS AVEC LA ROULETTE

ET DE

L'ASSIMILATION DE CES JEUX AVEC LES ÉCHECS & LES DAMES

ÉDITION ACCOMPAGNÉE DE

CINQUANTE MILLE COUPS DE BANQUE

ET AUGMENTÉE D'UN ÉTAT DE 500 JOURNÉES DE 24 TAILLES

A MASSES ÉGALES

PAR G. GRÉGOIRE

AUTEUR DU

TRAITÉ DE LA ROULETTE, DE CENT MILLE COUPS DE BANQUE, &.

3e ÉDITION

PARIS

PASSARD, LIBRAIRE-ÉDITEUR

9, RUE DES GRANDS-AUGUSTINS, 9

AVANT-PROPOS.

Dans la crainte que les personnes qui n'ont aucune idée du 30-40 ne s'en rendent pas suffisamment compte d'après le détail donné au chapitre
deuxième, je vais expliquer plus simplement comment se fait le jeu.

Je suppose une société voulant jouer le 30-40, et
n'ayant pas de cartes. Pour en avoir la représenta-
tion, il suffira de se servir de dragées, et de faire un
tableau portant deux compartiments; sur l'un on
écrira : *pair*, sur l'autre : *impair*.

Le banquier, ayant pris une poignée de dragées,
dira : Faites votre jeu. Alors chacun des assistants
jouera selon son inspiration, et posera sur le tableau
la somme qu'il voudra risquer. (Cette somme s'appelle *masse*.)

Quand le jeu est fait, le banquier dit : *Rien ne va plus*. Aussitôt il étale les dragées et les compte ostensiblement. Si le nombre est pair, il ramasse tout l'argent qui se trouve du côté impair, et paye d'une somme égale chaque masse du côté pair.

A Hombourg, la plus petite masse est de 2 florins (4 fr. 20) et la plus forte est de 4,000 florins.

Si le jeu devait toujours se passer comme il vient d'être dit, les chances seraient parfaitement égales.

Mais dans l'emploi des cartes, lorsque les deux rangées donnent le point de 31, ce coup s'appelle *refait*. Le banquier enferme toutes les masses dans un cadre tracé exprès, appelé prison, où elles restent jusqu'à la sortie d'un nouveau coup. Alors les masses enfermées du côté gagnant sont rendues libres, mais non payées, ce qui équivaut à la perte de la moitié de la masse. Cependant, au moment du *refait*, le ponte (le joueur) est libre de retirer la moitié de sa masse; dans ce cas, le coup est terminé pour lui. Il est également libre, au moment du *refait,* de passer sa masse dans la prison opposée.

Maintenant expliquons le mouvement des cartes et la disposition des tableaux.

Le tapis de la table de jeu présente quatre parties séparées par des lignes : deux sont affectées au grand tableau donnant *rouge* d'un côté et *noir* de l'autre ; les deux autres parties sont pour le petit tableau donnant *couleur* d'un côté et *inverse* de l'autre.

Rouge et *noir*, comme *couleur* et *inverse*, sont l'équivalent parfait de pair et impair.

Pour déterminer un coup, le banquier doit d'abord débiter une rangée de cartes, qui s'arrête au moment où le point est formé entre 31 et 40, jamais moins, jamais plus. Ensuite il débite de la même manière une seconde rangée. Cela fait, c'est la rangée qui approche le plus près de 31 qui gagne.

La première rangée est invariablement pour *noir*, la seconde pour *rouge*. Ainsi, si la première rangée donne 35, et la deuxième 33, rouge gagne.

Quand les deux rangées amènent le même point, 32 et 32, 36 et 36, etc., le coup est nul ; le banquier dit *après*, et recommence deux nouvelles rangées.

Au moment de la résolution du coup de rouge ou noir, le banquier regarde la couleur de la première carte sortie au premier rang ; si elle est rouge (cœur ou carreau) et que noir gagne, il dit : *Rouge* perd et *Couleur* ; — si au contraire la première carte est de la couleur gagnante du grand tableau, rouge, je suppose, le banquier annonce : Rouge gagne et Couleur.

A Hombourg, le droit de banque est de moitié moins cher que dans les autres établissements. Voici pourquoi.

A Baden-Baden et ailleurs, lorsque le refait de 31 arrive, on enferme toutes les masses ; le nombre moyen des coups qui précèdent le refait est 38 ; tandis qu'à Hombourg, pour que les masses soient emprisonnées, il faut que le *refait* de 31 finisse par une carte noire... Si elle est rouge, on n'emprisonne rien. On comprend que, dans ce dernier cas, le nombre moyen n'est plus que 76, c'est-à dire que le droit est limité à 2/3 pour 0/0.

INSTRUCTION

SUR LA

MANIÈRE DE PROCÉDER EN BANQUE

——◆——

Depuis la publication de mon *Traité du Trente-Quarante*, j'ai fait de nombreuses applications en banque et de constantes études, qui confirment en tous points les méthodes que j'ai données. J'ai produit un tableau que j'appelle *Echiquier du Trente-Quarante* (1), donnant le dessin de toutes les figures formées par les coups de banque et la manière de les jouer. L'avantage que retireront de ce tableau les personnes qui n'ont pas encore fait d'étude sur la marche du jeu est de voir tout de suite dans quel sens on doit opérer, car toutes les figures sont marquées d'une croix aux coups gagnants et d'un trait aux coups perdants.

(1) *Echiquier du Trente-Quarante*, atlas et complément du Trente-Quarante. Prix 5 fr. collé sur toile ; plié, 7 fr. ; à Paris, chez PASSARD, 9, rue des Grands-Augustins.

En général, l'étudiant est porté à jouer contre les séries, et croit que les progressions plus ou moins longues doivent lui être avantageuses, et c'est le contraire....... l'étude doit avoir pour objet le point où il faut commencer l'attaque d'une figure; ensuite, s'il convient de la jouer un ou plusieurs coups, mais sans jamais oublier que c'est dans la dominante qu'il faut chercher un appui; c'est sous ce rapport que l'Échiquier facilitera beaucoup.

Quelle que soit la méthode que l'étude aura fait adopter, le bénéfice prétendu ne sera pas facilement obtenu à la banque; on s'en étonnera, on en rejettera la cause sur la variabilité du jeu et ses écarts, ne pouvant croire que de fortes expériences, faites avec soin, viennent se démentir au tapis. Il en est cependant presque toujours ainsi, mais ce n'est pas le jeu qui faiblit, c'est l'opérateur, c'est la mauvaise application de la méthode. On oublie de jouer à propos; on reprend le coup suivant avec l'idée que les fautes se compensent, ce qui certainement n'est pas. Les erreurs qui se compensent à peu près, et qui d'ailleurs sont rares, sont celles où, au lieu de jouer une couleur, on masse à la couleur inverse. Mais il en est bien autrement d'un coup joué après l'oubli d'un gain, de deux gains et plus. Si votre méthode porte de poursuivre à fond l'attaque de vos figures, les coups oubliés ne se compensent pas; ils ruinent vos résultats, parce que les premiers coups gagnés sont les meilleurs, leurs qualités s'effacent à mesure que vous les répétez; jusqu'à un certain point, ils valent quelquechose, puis ils s'annulent, et pourtant, dans beaucoup de cas, on est obligé de répéter les attaques et même de poursuivre les figures jusqu'à un coup de perte, afin d'activer le jeu et plus encore d'entraver ses écarts. Un tailleur, un payeur peut se tromper, mais aussitôt l'erreur est redressée par les surveillants. Il n'en est pas de même du spéculateur qui opère seul : ses fautes sont irréparables, et quelque attention qu'il donne à son travail, il en commet assez pour réduire de moitié, des trois quarts, sinon plus, l'avantage promis par ses études. Qu'est-ce qu'un bénéfice de 2, 3, 4 0/0, si l'opérateur s'écarte de la règle? Sans faute, ce bénéfice est assurément fort beau; il faut donc en arriver là. Pour jouer cent coups sur les deux tableaux, une bonne méthode prend trois ou quatre heures; on comprend qu'il suffit de quelques fautes pour que le travail tourne en pure perte.

Il reste donc, après la résolution du problème et l'établissement d'une bonne théorie, à résoudre et surmonter les difficultés pratiques. Cela semble tout simple, eh bien, elles m'ont causé cent fois plus d'ennui que la solution première. J'ai essayé de tous les moyens possibles : tantôt j'étais conduit à la réduction des coups à jouer : ils devenaient trop rares; tantôt je n'opérais que sur un seul tableau : le résultat étant le même, il fallait aviser de nouveau et chercher dans l'établissement des figures les correctifs nécessaires. Le vulgaire a bientôt pris son parti : s'il trouve le jeu trop lent, il prend tôt les figures et tombe dans des écarts ruineux. Voyez les joueurs de montantes, ils ne marchandent pas; ils jouent à tout coup; l'argent est toute leur méthode..... et ce qu'il y a de pire au jeu leur semble d'une excellence sans réplique. Ces sortes d'entreprises seront *toujours* fatalement ruinées.

Enfin j'ai reconnu que, pour parer en grande partie aux difficultés pratiques, il faut opérer à deux, l'un pour la conduite du jeu, l'autre pour le mouvement de l'argent.

Il ne faut pas réduire les coups de jeu par l'adoption d'un seul tableau, car, dans ce cas, on rencontre des traînées parfois fort longues en ballottages ou des écarts dont la rentrée tardive devient fatigante. Tout est complexe dans le jeu : un changement qui paraît tout simple amène des complications qu'on ne soupçonnait pas. Aussi, dois-je le répéter, après une bonne étude et une longue expérience, on doit s'appliquer à la mettre en pratique sans la moindre déviation. C'est donc à deux qu'on y peut parvenir, et en modérant la longueur des séances, afin que l'esprit soit toujours présent.

Voici sommairement les états de mes dernières études Ces relevés sont faits d'après un échiquier dont l'ensemble des figures a été l'objet de combinaisons très-élevées; de leur corrélation ressort une puissance que je n'aurais pas osé espérer; les écarts ne comptent plus; il n'y a que de simples ballottages, qui ne ralentissent pas le produit; aussi peut-on compter sur des résultats de bonne réalisation chaque quinzaine d'application, à raison de six heures de travail par jour.

Ces divers résultats sont donnés pour faire comprendre ce que l'on doit attendre d'un avantage régulier aussi élevé.

Les quatres dernières divisions seront, s'il y a lieu,

x

l'objet d'observations très-intéressantes sur les reprise
de certaines figures.

———

ÉTAT DE VINGT-HUIT DIVISIONS

FORMANT LE TOTAL DE **73,153** MASSES JOUÉES TOUJOURS LA MÊME

RECETTE	GAIN	DÉPENSE	PERTE	RECETTE	GAIN	DÉPENSE	PERTE
1.453	156	1.297	»	Report : 23.065	2.652	20.413	
1.547	184	1.363	»	1.211	119	1.092	»
1.270	91	1.179	»	1.289	92	1.197	»
1.583	145	1.438	»	1.237	118	1.119	»
1.146	152	994	»	1.724	225	1.499	»
1.026	104	922	»	1.359	172	1.187	»
1.528	197	1.331	»	1.293	164	1.129	»
1.313	160	1.153	»	1.207	138	1.069	»
1.308	182	1.126	»	1.524	114	1.410	»
1.059	139	920	»	1.087	211	876	»
2.273	306	1.967	»	1.887	335	1.552	»
1.347	207	1.140	»	887	198	680	»
1.496	183	1.313	»	1.171	173	998	»
1.726	126	1.600	»				
1.690	181	1.509	»	38.932	4.711	34.221	
1.300	139	1.161	»	34.221	488	droit	
23.065	2.652	20.413		73.153	4.223	Bénéfice net 5 3/4 °/₀	

Cet état représente deux campagnes d'application effective. Sans presse, le capital peut être doublé par 200

masses d'acquit; on peut se rendre compte du résultat final.

J'ai sous la main le détail des masses jouées de chacune de ces vingt-huit divisions; il est donc facile de reconnaître l'exactitude de mon travail. Mais je vais donner une preuve irrécusable que, depuis mes toutes premières études, il y a eu progrès constant, non-seulement dans le bénéfice à obtenir en pratique, mais encore dans la célérité des opérations. Cette dernière condition dépend du nombre des figures à mettre en marche : plus le spéculateur sera capable d'en élever le nombre, plus le jeu sera actif, plus aussi le bénéfice deviendra important. La preuve que j'annonce, la voici : de la page 89 à la page 99, je donne l'état d'une opération faite sur une seule figure, qu'un enfant de sept à huit ans exécuterait sans peine : c'est la série et l'intermittence 4, jouées pour le coup de 5; voilà assurément une chose bien simple ; il n'y a là ni montante, ni martingale, toujours un seul coup et même masse. Le résultat de cette opération, faite sur 290,000 coups de banque, donne un produit net de 1/2 0|0; 30,617 masses ayant été jouées, le refait en a enlevé 200 et 149 sont restées en gain.

Comme l'avantage ci-dessus semblait non motivé à un

homme bien versé en banque et très-intéressé à reconnaître la véracité de mon travail, il a eu l'idée de faire le relevé de 600,000 coups de banque de la manière que j'indique, et il a obtenu un résultat identique; seulement son bénéfice s'est trouvé un peu plus fort que le mien. Dans le cours de cette grande expérience, il a rencontré un écart de 153 masses; ainsi avec 300 masses on serait très-fortement gardé. La patience serait mise à l'épreuve sans doute, attendu qu'on ne peut avoir une série de 4 qu'en 16 coups de banque et une intermittence de 4 en même temps. Cet exemple n'est donc présenté que pour prouver la certitude des bénéfices plus élevés qui ressortent des diverses marches que je donne. Je garantis, de la manière la plus formelle, que ceux qui procéderont bien régulièrement, d'après l'un des moyens que j'indique, obtiendront les mêmes produits. S'il n'en était pas ainsi, c'est que l'opérateur laisserait évaporer le bénéfice par de plus ou moins fréquentes erreurs. J'ai subi cent fois de vives contrariétés à ce sujet dans mes applications d'argent, parce que je ne pouvais me retenir de prendre des notes qui me servaient chez moi à poursuivre et compléter mes études; c'est ainsi que peu à peu je suis parvenu au point le plus élevé possible d'attaque et de produit. Au delà des figures de mon

Échiquier, il n'y a plus rien de saisissable. Aussi, maintenant serai-je en banque dégagé de toute préoccupation, parfaitement tranquille sur le bon effet de mes combinaisons.

Les personnes redoutant les difficultés pratiques peuvent s'adresser à l'auteur, qui pourra renseigner sur la manière d'opérer vite sur une cinquantaine de figures diverses, en observant les notes accidentelles.

G. GRÉGOIRE

Dans mon dernier ouvrage, intitulé : *Traité de la Roulette, de ses rapports avec le Trente-Quarante et assimilation de ces jeux aux Echecs et aux Dames*, je dis : Ce n'est pas par le *calcul*, mais par l'esprit de *combinaison* que l'on peut parvenir à triompher du droit de banque. Le calcul sert à se rendre compte des opérations basées sur les combinaisons; son rôle est tout différent et n/ peut changer ; mathématiquement et sans combinaison, il est possible d'élever un produit quelconque, en passant des figures simples aux figures doubles, triples, etc., ainsi que je l'ai démontré dans le présent ouvrage; mais de zéro le calcul n'obtiendra rien. On peut très-bien calculer et n'être qu'une mazette aux jeux de combinaison.

Si la Roulette et le Trente-Quarante étaient des jeux absolument de hasard, verrait-on toutes les chances s'équilibrer parfaitement? S'il n'en était pas ainsi, on n'obtiendrait pas plus par combinaisons que mathématiquement.

Les effets du hasard sont au-dessus des prévisions humaines; nous ne pouvons nous y soustraire : un chien enragé vous mord : hasard; une tuile vous tombe sur la tête : hasard. Il m'en est tombé une qui, ne m'ayant ni tué ni blessé, ne m'en a pas moins fait beaucoup de mal. Le récit de cette aventure, par sa double face du hasard, me paraît bien trouver sa place ici. — Il y a une vingtaine d'années, un ami accourut chez moi me faire part de la possibilité d'obtenir un privilége de banque en Allemagne, dans un lieu admirablement situé, où se trouvaient des sources d'eaux minérales des plus salutaires. Cet ami me pressa de m'y rendre; ce que je fis aussitôt. J'entrai en rapport avec un personnage qui me conduisit auprès du prince ***. Parfaitement accueilli, je lui exposai la manière dont je comptais utiliser les plans que je tenais de la régence, ainsi que les sources, dont tous les bassins étaient déjà construits. Et vous croyez, me dit le prince ***, que ce pays pourra attirer les étrangers? Je le crois fermement, d'autant plus que je fixerai le droit de banque au quart de refait, ce qui plaira généralement aux visiteurs ; et quand il y aura de beaux bâtiments pour les bals, concerts etc., les riches familles, attirées par les eaux, y feront de longs séjours. Le prince parut satisfait de mes dispositions. — Vous habitez Bruxelles, m'a-t-on dit; c'est une jolie ville; J'y suis resté longtemps lorsque je servais sous l'Empereur.

Revenu à Bruxelles, je m'occupais des moyens nécessaires pour me conformer au cahier des charges, quand un de mes amis m'amena un homme qui devait me donner toute satisfaction, et auquel on me dit que je pouvais m'en ouvrir franchement ; ce que je fis.

Quelque temps après, cette personne se fit donner le privilége; j'en fus pour quinze mille francs. On a fait depuis courir le bruit que j'avais été indemnisé; la vérité est que je n'ai jamais reçu un centime. N'est-ce pas bien là un double coup du hasard, ruinant d'un côté, enrichissant de l'autre? Quel calcul, quel combinaison élever sur ces sortes d'événements? Il en est bien autrement des coups de banque, dont l'étude assure, par une bonne application un succès d'argent. Dans les méthodes que je donne, le succès dépend entièrement de l'exécution; il en est de même en musique, la plus savante composition, mal exécutée, devient insupportable.

Dans les exemples ci-dessus donnés comme résultat du hasard, l'homme est absolument passif; au jeu, au contraire, il est actif; c'est lui qui fait le hasard : il est victime en se livrant à ses inspirations; mais le spéculateur plus réfléchi les repousse et n'entreprend rien qu'en raison de combinaisons plus ou moins élevées, plus ou moins valables.

EXTRAITS DE DIVERS JOURNAUX

SUR LA PREMIÈRE EDITION DU

TRAITÉ DE TRENTE-QUARANTE

———

Lorsque parut le présent *Traité de Trente-Quarante*, il produisit un effet d'autant plus grand qu'il n'y en avait pas en France d'aussi complet; *les Débats, le Pays, l'Estafette, le Siècle, l'Indépendance Belge*, etc., en rendirent bon compte. Voici les extraits du Journal *le Pays* et du *Siècle* :

19 juin 1853.

..... Quant au lansquenet, qui a commis tant de ravages pendant l'hiver et pendant le printemps, c'est maintenant fini; tous les joueurs sont partis pour les villes de jeux, et avec d'autant plus d'empressement que l'on a décidément trouvé, à ce qu'il paraît, le secret de gagner au Trente-Quarante et de faire sauter toutes les banques par un infaillible procédé. Oui vraiment, ce problème depuis si longtemps poursuivi, qui a fait pâlir tant de fronts, qui a desséché tant de cervelles, ce problème que des savants de premier ordre, les mathématiciens les plus célèbres, tels que Bernouilli et de Laplace, n'ont pas dédaigné de chercher, vient enfin d'être découvert et se trouve longuement expliqué dans un gros volume qui arrive avec un merveilleux à-propos, au moment où toutes les banques de jeux d'Allemagne viennent de s'ouvrir imprudemment, et d'étaler sans défiance sur leurs tapis verts, bariolés de rouge et de noir, leur or et leurs billets, destinés à devenir la proie des joueurs qui se seront donné la peine d'étudier le *Traité du Trente-Quarante* composé et publié par M. Grégoire, membre de plusieurs sociétés : tel est le titre que prend l'auteur.

Sans doute que, pour étendre ses opérations, l'auteur ajouterait volontiers aux sociétés dont il est déjà membre une société de capitalistes qui l'aiderait à faire son jeu, car on ne gagne beaucoup qu'en avançant de fortes sommes, et il trouvera sans contredit cette société de bailleurs de fonds, car son livre fait beaucoup de sensation. On le

discute dans les cercles, où il a remplacé les tables tour-
nantes, et un grand nombre d'experts prétendent que les
calculs sont justes..... Napoléon pensait qu'un jour les
banques de jeu seraient vaincues par le calcul, dit M. Grégoire ; ce jour est venu, le Trente-Quarante est ruiné, car,
bien certainement, le procédé qui vient d'être découvert lui
vaudra de nombreuses attaques, auxquelles il succombera.
Infortuné Trente-Quarante !.... Il entre dans sa dernière
saison ; après avoir conquis tant d'or, englouti tant de
fortunes, il va périr à son tour sous les coups qui vont
pénétrer par le défaut de sa cuirasse de carton. Certes,
voilà un mort qui sera peu regretté !....

EUGÈNE GUINOT.

Extrait du Siècle,

16 juin 1853.

Il vient de paraître le livre le plus curieux peut-être de
l'époque. C'est un Traité du célèbre jeu du Trente-Quarante.
L'auteur, M. G. Grégoire, n'est pas un joueur ; c'est un
savant qui a calculé toutes les chances de gain et de perte,
et qui donne les tableaux d'une foule de coups certains. Il
y a là une véritable révolution dans l'ordre des jeux de
hasard. L'homme reprend son droit et son influence.
Encore une conquête de la science.

PRÉFACE.

On pourrait s'étonner de voir publier un ouvrage sur un jeu qui n'existe plus en France, aussi n'est-ce que pour les pays voisins, où tant d'établissements de banque sont autorisés et sans cesse suivis par les classes les plus riches de l'Europe, qu'est produit ce nouveau Traité de 30—40.

Bien que le jeu soit l'objet de l'application dont traite cet ouvrage, il doit être néanmoins entendu qu'il n'est nullement question d'amusement; loin de là, cette application est un travail difficile auquel le véritable joueur, l'homme du monde, ne sauraient guère s'assujétir. Puisque la chose a le nom *jeu*, nous devons l'accepter ainsi, mais on ne doit y voir qu'un sujet de spéculation, un but pour obtenir d'une manière très laborieuse des bénéfices plus considérables qu'en toute autre opération.

Les petits capitalistes trouveront matière à faire valoir leur argent avantageusement s'ils sont éminemment patients, et ne commencent d'entreprise que dans les termes de précaution indiqués. Pas de demi-mesures, elles perdent tout.

En livrant au public le résultat de longues, coûteuses et pénibles études, d'expériences, d'essais d'application pratique tels que probablement il n'en a jamais été fait de semblables, mon intention n'est pas de faire naître l'amour du jeu; j'entends au contraire guérir ceux qui en sont atteints, en leur mettant sous les yeux des faits considérables et parfaitement exacts qui les éclaireront sur le sens et la manière de procéder, ou les engageront à renoncer à des entreprises ruineuses s'ils ne se sentent pas les qualités nécessaires, indispensables dans toute opération sérieuse de ce genre.

A ce sujet, je citerai un exemple d'une incroyable sottise ; mais j'ai vu, revu, et j'affirme. C'était à Bade pour la première fois, puis à Hombourg. Un particulier vient s'asseoir à côté de moi, déroule sa monnaie, dispose ses masses, et commence son jeu par 5 guillaumes à rouge et quatre à noir... Je crus d'abord à une inadvertance ; mais pas du tout, c'était une partie de sa méthode. Cela m'offusquait. J'allai en dire deux mots au chef de partie, qui vint aussitôt aviser de sa faute ce singulier joueur. On croira qu'il tint compte de l'avertissement ? Il s'en est bien gardé ; ses masses furent toutes jouées de la même façon. Eh bien, cet homme avait raison, il était convaincu qu'il ne pouvait perdre qu'une pièce... Comment soutenir le contraire ? J'espérais que le refait, mettant ses doubles masses en prison, l'éclairerait mieux que le chef de partie ; je me trompais. Cette leçon lui coûta environ trois rouleaux.

Trois ans plus tard, le même joueur vint à Hombourg avec un associé. Même manière de procéder, même avis du chef de partie. Cependant l'associé voyant rire les spectateurs, comprit la chose et se retira. Ici la faute est par trop grossière; mais dans nombre de cas, il s'en commet qui, pour être moins sensibles, n'en sont que plus désastreuses à la longue. J'en signale quelques-unes au chapitre *Erreurs et préjugés accrédités parmi les joueurs.*

J'ai dit qu'à Bade et à Hombourg, l'inspecteur donnait d'office certains avis. C'est qu'en effet, dans ces établissements, tout se passe fort régulièrement; l'administration jouit d'un droit fixe, connu, avoué, que le ponte souvent grossit par ses bévues, mais le jeu est loyalement fait. Je ne serais pas étonné que quelque moment on autorisât à Paris l'ouverture de deux ou trois cercles où serait joué le 30—40, seul moyen de faire tomber les nombreux tripots que, malgré toute sa vigilance, la police n'atteint que rarement, et encore ne lui est-il pas arrivé de réussir et d'être embarrassée de sa capture, la société n'étant composée que de personnages du plus haut rang!

Le jeu est un besoin pour les classes riches; pourquoi

les forcer à porter leur or à l'étranger? Pourquoi priver la capitale, une partie de l'année, des dépenses courantes de la fortune, quand au contraire il serait facile d'y attirer l'opulence étrangère? Mais il ne faudrait pas que ces cercles ne fussent que des lieux de jeu; ce sont d'autres moyens, d'autres combinaisons qui sont nécessaires pour appeler et conserver non seulement les chefs de famille, mais encore les familles tout entières, sans heürter la morale. Le rétablissement de la ferme des jeux, comme elle existait anciennement, serait aujourd'hui chose absurde, immorale. Laissez l'homme riche disposer de sa fortune selon ses goûts, mais empêchez celui qui n'a rien de risquer le bien d'autrui. Or, c'est ce qui arrivait fréquemment autrefois quand à chaque pas l'employé, le comptable, le garçon de recette étaient conviés à tenter la fortune. De là à tolérer ce qu'on ne peut réellement empêcher, il y a loin.

Indépendamment des tripots où la fraude s'exerce sur tous les tons, il y a les maisons clandestines d'un ordre plus élevé, bien autrement dangéreuses, en ce que, n'étant soumises à aucune règle, les enjeux sont parfois désordonnés, et ce qui est plus désastreux encore, c'est que, sous l'appât d'une revanche, on excite le joueur d'une fortune bien connue, lui offrant de jouer sur parole... Mais jouer sur parole, c'est la ruine ou le déshonneur.

Dans toute maison de banque autorisée, il doit être expressément défendu de tenir même la plus petite masse sur parole.

Tous ces abus tomberaient devant une banque régulière et sous le contrôle de la police.

Napoléon pensait qu'un jour les banques de jeu seraient vaincues par le calcul ; je suis fondé à croire que ses prévisions à cet égard étaient justes, et je compte bien le prouver.

Tant que j'ai jugé utile de poursuivre mes recherches, d'étudier les rapports des diverses figures à mettre en application, de combiner enfin une méthode qui obviât aux grands écarts, et permît d'opérer avec précision, je me suis peu occupé des moyens de traiter d'affaires importantes. Les trois quarts du temps j'ai opéré seul, et quand j'ai eu quelques liaisons d'intérêt, ce n'a été que sur petite échelle, car la moyenne de mes masses n'a guère été que de deux à quatre florins de masses égales... Cette manière de jouer est moins agréable que par progressions, mais c'est la plus solide comme spéculation. Quant aux martingales, montantes et descendantes, progressions de quelque nature qu'elles soient, elles doivent être rejetées, à moins qu'on n'ait acquis la certitude que les coups joués de cette manière l'emporteraient sur la banque s'ils l'étaient à masses égales. Autrement compter sur l'argent comme seule puissance pour triompher du refait et des écarts, c'est mettre tout en question. Sans doute on peut, avec de gros capitaux, obtenir momentanément des avantages de quelque importance, la difficulté n'est pas là, elle est tout entière de conserver et fortifier ces avantages.

J'ai dû considérablement travailler pour résoudre certaines questions qui ont si fort embarrassé les auteurs de traités sur la marche du hasard. Avant d'avoir trouvé les termes d'analyse, reconnu par des faits immenses le principe du succès pour toute entreprise régulière, et enfin pu resserrer les rapports des diverses figures qui entrent dans l'application, j'obtenais bien des résultats favorables; mais, ne pouvant me rendre compte des causes, je me suis trouvé vingt fois surpris au milieu de mes opérations par des écarts ruineux, parce que, ne pouvant en apprécier la portée relative, je scindais le travail au moment même de leur rentrée. De cette manière, il m'est arrivé, dans une circonstance, de gagner plus de quatre cents coups sur la banque, et de perdre de l'argent... Je ne veux pas taire ces particularités, je désire que le lecteur soit bien pénétré que je n'avance pas un fait, que je ne produis pas un seul état de mes opérations qui ne soit de la plus exacte vérité. Et d'ailleurs, au besoin, ces états pourraient être vérifiés dans toutes les parties sur les cartes mêmes piquées à la banque.

Aujourd'hui que le principe est constaté, et que le mode d'attaque qu'il indique est plus fort et aussi réel que le refait, je puis annoncer après calcul, selon le choix des figures, quel sera, à époque déterminée, le bénéfice moyen acquis agissant sur un capital connu. S'il ne devait être mis en marche qu'une seule figure, comme on ne peut préciser la portée immédiate d'un écart, on arriverait moins juste; mais dès qu'il en est réuni trois ou quatre, le produit tarde peu.

On a dit souvent de moi : depuis si longtemps qu'il cherche, il cherche encore. D'autres m'ont dit : comment un homme sensé comme vous peut-il croire..., etc. — Aux premiers, il n'y a rien à répondre, ils sont trop habiles. A ceux-ci, j'ai répondu : Vous ne faites pas attention que vous vous mettez en cause, car si vraiment vous me reconnaissez quelque jugement, vous devez supposer que, travaillant aussi résolument que je le fais, c'est que j'aperçois quelque chose. Oui certainement j'aperçois quelque chose, on le verra prochainement, on le verrait déjà si je n'avais eu des raisons de ne rien entreprendre de capital.

Je suis de grande force à certain jeu dans lequel le hasard n'est pour rien, et dont les combinaisons sont tellement élevées, qu'il n'est donné à personne de conduire une seule partie de mémoire ; eh bien, je puis affirmer que je me crois aussi éclairé sur celui dont traite ce livre. Pour moi, l'un et l'autre s'accomplissent sur le même diagramme : même esprit de combinaison, même principe dans la marche.

INTRODUCTION.

Lorsque j'eus trouvé la raison des différences qui se représentaient sans cesse dans le produit entre les figures simples et les figures doubles, j'en écrivis, sous forme de mémoire, à un professeur de mes amis; depuis, communication de cette pièce a été donnée à plusieurs mathématiciens éminents.

C'est celle qu'on va lire.

DU 30—40.

Aussi longtemps qu'une communication sur la marche des coups de jeu a pu laisser quelques points douteux et que les preuves, bien que fortes, laissaient à l'esprit la liberté de craindre encore leur insuffisance, j'ai compris la réserve que tout homme sensé doit apporter dans l'examen de faits ressortant des chances aléatoires du 30-40. Tant de gens se sont occupés de la question, ont cru tenir quelque chose et se sont ruinés, eux et les leurs, qu'en vérité on a dû croire le problème insoluble.

Personne, je puis le penser, n'a fait plus de travaux que moi sur les jeux dits de hasard, et pourtant je ne suis nullement joueur. Mais ma raison n'admet pas volontiers le mot impossible, pas plus qu'elle n'accorde au mot hasard l'acception qu'on lui donne. J'ai toujours pensé que les coups de jeu qui se classent si admirablement dans leurs cadres respectifs, qui n'ont aucune limite, et pour cela même étaient de leur nature matière à étude; et tout ce que j'ai vu m'a prouvé que j'étais dans le vrai. Il y a dans le mouvement des coups de jeu le même principe d'ascendance qui règne dans la nature humaine, et, il semble, au même degré.

Ne voyez pas un paradoxe dans cette assertion; la

similitude entre les coups de jeu et le mouvement de l'espèce humaine ressort sous plus d'un point. Si les coups de jeu se divisent en deux parties égales, l'état civil ne nous montre que des naissances de deux genres, des décès de deux genres. Piquez une carte de rouge et de noire, de naissance ou de décès, comme les amène le temps, vous obtiendrez la même répartition de séries et d'intermittences; je dis répartition, pas autre chose.

Au jeu, je vous dirais : de quelque manière que se présentent les figures, sachez les étudier afin de n'opérer jamais que selon leur mouvement ascendant, c'est-à-dire, dans le sens de la gagnante ou de la dominante, attendu que de ce principe ressortira un avantage pour vous qui serait doublement en faveur du banquier, si vous opériez en sens contraire; car il a de plus ses levées du refait. Ce n'est pas chose facile, je le sais, que de discerner la gagnante et la dominante, en bien des cas ; cependant, sans cette connaissance exacte, on ne saurait obtenir rien de bon.

Si vous deviez parier sur la marche de l'espèce humaine, faites-le pour les naissances contre les décès, en temps ordinaire ; car s'il est vrai que tout meurt, il n'est pas moins vrai que les naissances l'emportent sensiblement et constamment.

Préférez-vous parier sur les naissances seulement ? Faites-le en faveur des garçons, qui dominent les filles d'environ 2 0|0. Avant cette connaissance authentiquement acquise par la statistique générale de l'Europe et de l'Asie, certaines inductions portaient à croire le contraire. Il en est de même des coups de jeu que le défaut d'étude fait comprendre au rebours de ce qu'il faut pour le succès.

Toute appréciation faite, je maintiens l'analogie entre les coups de jeu, les naissances et les décès.

Je ne dirai qu'un mot sur un pari supposé dans les termes que je signale ; c'est que, pour qu'il y ait garantie de succès, il faudrait porter haut le nombre des coups de jeu : à 50,000, il y a 9|10 pour le succès ; à 100,000 et plus, la certitude se confond avec la probabilité, ou piutôt efface cette dernière. La plupart des spéculateurs s'engagent sur quelques mille coups d'étude, et au premier choc sont écrasés.

Mais que de combinaisons avant de rendre saisissable la partie vulnérable du prétendu hasard ! Opérer comme tout le monde, ne voir que le seul tailleur de cartes, écrire purement et simplement sous sa dictée, oui, il serait impossible de parvenir à une démonstration qui ne laissât rien à désirer.

Au lieu de piquer les coups de haut en bas, je les inscris de gauche à droite, par colonnes indéterminées, et, contrairement au 19|20 des spéculateurs, je réunis les deux tableaux. Par cette disposition, je multiplie les figures et augmente le produit, ainsi que vous l'allez voir.

Veuillez donc donner la plus grande attention à ce que je vous écris ; car cette fois je pourrais me taire sur mes travaux si nombreux, si concluants, mais laissant encore cette liberté évasive de dire : le hasard produit de si grands événements, que votre avantage s'annihilera probablement par la suite. J'aurai beau prétendre que le mathématicien ne peut passer sous silence des résultats si développés , le doute sera toujours là.

Aujourd'hui, notez bien ceci, je puis me taire sur mes cartes, sur mes résultats , et ne les produire qu'en preuve pratique, après la démonstration mathématique; le bec de ma plume doit suffire, tout calculateur saisissant bien ma méthode et ma démonstration, reconnaîtra que le problème est définitivement résolu... qu'il n'y a plus de hasard , et que, jusqu'ici, on était loin de soupçonner le moyen à prendre pour obtenir une résolution si précise.

Mes toutes premières études s'élèvent à 183,000 masses égales sur le coup de 3. Ce chiffre a pour rapports 1,464,000 coups de banque. Le mouvement ascendant ressortit constamment, c'est-à-dire, qu'il y eut plus de coups, ou figures, au-dessus de 3, qu'il n'en resta à ce point.

Lorsque la banque de Hombourg ouvrit, M. Blanc, directeur, appela le public, annonçant la suppression totale du refait. Je vins avec un ami, et pendant cinq mois consécutifs, nous mîmes sur le tapis 117,000 masses égales, la marche ascendante se manifesta par 813 masses de bénéfice. Si nous ne fussions tombés, au début, sur un écart de 100 masses, qui retarda notre progrès, l'avantage eût été, comme il doit l'être, plus élevé de 1|8.

Tous mes travaux divers faits depuis cette époque dans le même esprit d'attaque et de masse égale, dépassent 350,000. Voilà donc un énorme chiffre de 650,000 masses qui ne permet pas de mettre en doute le principe signalé ; car il a pour rapport, en raison des divers points d'attaque, 8,000,000 de coups de banque, tout ce que peut débiter une banque permanente en vingt-cinq années. Il y a eu des fluctuations ; de fortes parties ont présenté plus ou moins de produit ; mais l'ensemble donne tout ce que peut désirer l'esprit d'observation.

A Hombourg, par exemple, 813 masses gagnées

sur 117,000, sont un résultat inférieur à la presque totalité des autres parties; mais très significatif comme preuve, attendu que, durant cette application effective, il s'est présenté des écarts de 100, 150, jusqu'à 200, et que tout cela s'est régulièrement couvert. Il est vrai que si le refait eût existé en faveur du banquier, je lui aurais soustrait 8,000 masses, ainsi que le permet la combinaison de mes cartes de relevé des coups, et réduit les coups effectivement joués à 109,000, sans pour cela changer le produit de 813 masses. Cette différence tient à des compensations possibles lorsque je pique deux cartes en même temps.

Toutefois, ne prenant pour terme de l'avantage de l'ascendance que les 2|3 0|0 qu'enlève le refait carte noire établi à Hombourg, nous allons voir quel singulier effet ressort de l'accouplement de deux coups de 2 ou de 3 ou de 4; car les épreuves dont j'ai parlé sont de figures simples.

Je vais procéder à l'analyse sous toutes les faces.

Le coup de 1 ne doit pas être attaqué ; le jouer serait se livrer sans défense et par conséquent agir
dans l'intérêt du banquier.

Le coup de 2 commence à être sensible ; mais la
gagnante n'est bien déterminée pour les deux chances qu'après le troisième coup.

Si au premier coup de banque il vient rouge, et
que, croyant jouer la gagnante, vous jouiez rouge,
vous êtes dans l'erreur, attendu que ce premier coup
peut être aussi bien le commencement d'une intermittence que d'une série. Si le deuxième cou
noir, l'incertitude est la même pour la série
le deuxième degré de l'intermittence. S'il vient rouge
au troisième coup, vous continuez l'intermittence
en jouant le quatrième pour noir ; quand, au contraire, le troisième coup vient noir, c'est la série
qu'il faut jouer ; car dès ce moment vous êtes sur le
premier degré de la gagnante.

Cependant le droit de banque le moins cher étant

de 2|3 0|0 , il ne pourrait résulter de produit sensible d'une opération , quelque prolongée qu'elle fût, en la supposant à masse égale. En procédant par martingales, on serait exposé à des événements qui pourraient compromettre le capital; le refait ayant aussi ses écarts, il serait possible que , nonobstant un écart de ballottage de 150 à 200 , il frappât pendant de longues périodes les plus fortes masses, et reculât fort loin la rentrée de celles perdues.

Il est donc urgent de trouver le moyen de grossir et avantage , que donne la marche naturellement ——ante des coups de manière à pouvoir satis—— au droit de banque, et en même temps obtenir un bénéfice important , solide , infaillible. Infaillible est un gros mot en pareille matière ; pour l'employer conséquemment, des épreuves ne suffiraient pas ; les résultats de longues études , toutes satisfaisantes qu'elles fussent, ne dissiperaient pas ce vague, cette incertitude qu'autorisent les tentatives faites jusqu'ici.

Mais le mot infaillible s'applique de toute son autorité, si les résultats de longs travaux sont confirmés par une preuve mathématique.

La voici :

Le coup de 3 vient tous les huit coups de banque (n'en déplaise à certain auteur qui a écrit sur le 30—40 et qui se trompe sur les termes d'apparition de toutes les figures) ; chacune de mes cartes contient huit cents coups et donne cent séries de 3. Ces séries, jouées telles quelles, obtiennent, comme je l'ai dit, un avantage d'ascendance de 2|3 0|0 , qui suffit à payer le refait. Comment changer ce produit ? Je procède au moyen.

Le coup de 3 venant tous les huit coups de banque, il arrive que tous les huit coups de 3 il y en a deux qui se rencontrent, c'est-à-dire qui commencent ensemble sur les deux tableaux de rouge ou noir, de couleur ou inverse. Je ne joue jamais un coup de 3 seul; je ne commence que lorsqu'il y en a deux en rencontre , et je les attaque simultanément de la même masse. Le coup passé, j'en attends d'autres. Il est entendu que c'est tous les huit coups de 3 par colonne qu'il s'en rencontre deux ; au piqué ordinaire, la rencontre n'a lieu que tous les seize coups de 3. La disposition du mien change les termes en multipliant l'apparition.

Quelle différence croyez-vous qu'il y ait entre le produit du coup de 3 seul , et le coup de 3 joué accouplé? La différence est comme 1 est à 4 ; en voici la preuve :

Quand huit cents coups de banque ont donné cent coups de 3 uniques, ils en ont donné 12 1|2 accouplés, qui, dédoublés, font 25 simples. Les cent coups de 3 ayant gagné 2 3 d'ascendance , et les 12 1|2 coups doubles étant le rapport exact de ces cent coups, ils obtiennent à eux seuls les 2|3 d'ascendance gagnés par ces derniers. Pour masser cent coups en double , il me faut piquer quatre cartes, cela est clair, et alors j'ai obtenu quatre fois 2 3 ou

8|3, dont il faut retirer deux pour la banque, et il me reste 2 0|0 net... Ce résultat est confirmé par trois cent mille coups de mes expériences, ainsi que la différence du produit entre le 3 unique et le 3 double. Tout ce que j'avance peut être vérifié.

La plupart des joueurs croient que masser sur deux tableaux à la fois donne plus de prise au refait ; c'est une erreur que l'analyse, facile pourtant, démontre clairement ; mais le joueur joue et ne calcule pas. Je sais néanmoins des calculateurs qui partagent cette manière de voir, tant les préjugés ont de force chez certaines personnes.

Il m'a fallu bien du temps pour arriver à cette solution ; mon esprit s'y attachait avec d'autant plus d'opiniâtreté que, bien assuré qu'un avantage soutenu durant six cent cinquante mille coups effectifs, tant simples que doubles, qui donne plus de dix mille masses, ne peut être un effet du hasard, je ne pouvais me rendre compte de la raison qui accordait toujours plus de produit aux doubles qu'aux simples.

Ce n'est pas tout ; voici une démonstration analogue et tout aussi curieuse.

Après avoir fait de longues études sur le 3, j'en fis sur le 4. Ce dernier marquait une faveur assez forte ; n'ayant pas de raison à l'appui de cette différence, je l'attribuais à un écart ; mais une fois parvenu à la démonstration que je viens de rapporter sur le coup de 3, j'ai analysé le coup de 4, ce qui m'a prouvé la précision de mes épreuves ; car véritablement le produit du 4 double doit être plus fort que celui du 3 double, sans que pour cela il y ait différence d'ascendance entre les degrés qui élèvent les figures.

Je refais l'opération.

Les huit cents coups de banque ayant donné cent coups de 3 simples, en donnent cinquante de 4, par la raison que la figure 4 arrive tous les seize coups. C'est donc tous les seize coups de 4, d'après l'ordre de mon piqué, qu'il y en a deux en rencontre, et je commence l'attaque comme je fais au 3 double.

Les cinquante coups de 4 simples ont gagné 1|3 0|0 d'ascendance qu'ils payent en raison de leur nombre pour le refait, comme les cent coups de 3 ont payé leur 2|3 à la banque.

Pendant l'apparition de ces cinquante coups, il s'est formé 3 1|8 coups doubles, qui reçoivent à eux seuls le 1|3 0|0 d'ascendance acquis par les cinquante simples. 3 1|8 font 6 1|4 simples et le 16° de 100. C'est donc 16 tiers d'ascendance qu'acquiert p. 0|0 le 4 double; il en revient 2 à la banque, et il en reste 14, ou 4 2|3 0|0. De là le pourquoi je remarquais plus de produit sur le 4|4 que sur le 3|3, et sur le 3|3 que sur le 3 et le 4 attaqués simplement.

Le coup de 2 s'analyse de la même manière. Il vient tous les quatre coups. C'est donc tous les quatre coups de 2 qu'il en apparaît un double, toujours d'après mon piqué

Sur huit cents coups, on en compte deux cents simples et cinquante doubles, qui reçoivent les quatre 1|3 d'ascendance des deux cents simples, ce qui donne un avantage de 1 1|3 0|0. La banque en enlève la moitié, et il reste net 2|3. Une épreuve de 146,000 masses de 2|2 donne net 1,560.

Les écarts étant modifiés en raison du plus de produit, il faut prendre le point d'attaque dans les régions moyennes; trop élevées, on ne jouerait pas assez souvent; mais il est bien important, en opérant par progression, de mettre en contact plusieurs sortes de figures; cela est mieux également pour la masse-égale, si insipide à jouer, afin d'amoindrir encore les écarts.

La rareté des figures doubles plus élevées ne me permet pas d'affirmer qu'il y aurait accroissement continu de produit; je dirai même que, passé la série et l'intermittence 5, les observations utiles doivent principalement se porter sur la dominante. Une analyse du coup de 5 a donné simplement balance; sur les figures de 6 et au-dessus, le produit était fort; mais le nombre des unes et des autres n'était plus assez important.

La force du jeu se trouve dans les coups de 2 à 5 inclusivement, dont les révolutions s'opèrent avec plus de régularité que passé ces termes. C'est dans les figures élevées de 5 et au-dessus, jouées simples pour la gagnante, que j'ai trouvé les plus grands écarts. Toute combinaison doit donc porter sur le terme moyen des figures mises en contact, afin d'obtenir la plus grande activité possible de leur renouvellement relatif.

Au surplus, l'opération que je projette aura pour base d'autres éléments et ne marchera pas seulement à masses égales.

La certitude de gagner plus de coups que la banque m'étant parfaitement acquise, j'ai dû aviser au moyen de rendre facile l'application effective; car peu de personnes pourraient suivre exactement ma méthode par coups doubles, afin de pouvoir employer plusieurs opérateurs et d'organiser une affaire capitale.

J'ai, en conséquence, fait un travail considérable

qui vient de m'occuper plusieurs mois, agissant sur le double principe ascendant et dominant, et j'ai pu rendre l'application beaucoup plus commode

Il s'agit donc d'une solution qu'aucun mathématicien n'a trouvée et qui n'a guère été soupçonnée que par Bernouilli, et de nos jours M. de Laplace. Cela m'a coûté infiniment de travail, beaucoup d'argent en voyages, longs séjours aux villes de bains, essais d'application, des temps de dégoût, d'embarras incroyables ; j'ai persisté, soutenu que j'étais par la certitude que le hasard n'était pour rien dans mes résultats ; je le voyais au contraire, à mesure que j'avançais, perdre cette fantasmagorie que l'ignorance des joueurs lui accorde.

Vous comprenez, d'après cela, qu'il devient possible de former une contrebanque.

La contrebanque que je me propose d'établir opérera sur deux principes : gagnante et dominante, par masses égales et progression de parolis, d'après une marche combinée de manière que toutes les figures sont suivies dans leur sens respectif, d'après étude longuement développée de chacune.

Pour être certain de la régularité de cette marche, j'ai fait des relevés partiels et n'ai admis que les figures donnant un produit à peu près égal. Pour le paroli qui veut un jeu actif, j'ai joint les dérivés à fond des diverses figures.

J'ai ensuite fait de fortes applications de cette marche exactement comme on la suivra en société. Ces applications réunies donnent un total de 156,293 masses jouées et de 26,302 parolis.

Enfin, vous comprenez combien doit devenir importante une application bien conduite.

G. G.

Nota. Je proposai un jour un pari de 1,000 francs en faveur du principe que j'ai découvert à un homme bien compétent, ancien chef dans l'administration des jeux de Paris, et qui ne l'admettait pas. Mes observations, cependant, le firent réfléchir, et il finit par me demander si je voudrais faire une expérience de 7 à 8,000 coups joués à masses égales, sans pari ; mais ajoutant que, si je triomphais dans les termes annoncés, lui et deux amis entreraient dans une application sérieuse pour 15,000 francs. J'avais du temps à moi, j'acceptai. L'épreuve dura deux mois, car au lieu des 8,000 coups demandés, j'en donnai 12,000. Le résultat fut si exact, si concluant, la méthode surmonta avec tant de force deux écarts successifs de 100 masses, que ces messieurs arrêtèrent d'eux-mêmes l'expérience, qui ne pourrait que reproduire les mêmes faits. Le droit de banque payé, il resta un avantage de 259 masses. Avant de commencer l'expérience, j'avais porté ma prétention à 2 0/0, ce qui devait me donner 240.

Chose singulière, me dit le chef de banque, vous avez les mêmes fluctuations que chez nous, et vous l'emportez de beaucoup sur le refait, il fallait le voir pour y croire ; nous voulions mettre 15,000 fr., nous en mettrons 30,000 !... Les événements politiques retardèrent cette affaire, et depuis lors deux de ces messieurs ont quitté ce monde... C'est chez le père de notre célèbre artiste Saint-Léon que fut faite cette expérience.

Je n'avais pas alors découvert les termes qui m'ont servi dans l'analyse que je viens de produire ; mais mes premières observations étaient confirmées par tant de preuves que, sans la résolution complète du problème, je n'aurais pas craint, comme je ne craindrais pas aujourd'hui de parier de triompher sur toute expérience de 30 à 40,000 masses égales du droit de banque, et de le primer d'autant.

Le succès étant désormais assuré, il faut qu'une application en grand soit conduite administrativement, comme la banque de son côté; qu'il y ait surveillance et contrôle des masses jouées; que les opérateurs se relèvent souvent, afin que la fatigue n'occasionne pas de fréquentes erreurs.

Toutes les conditions d'ordre et de capitaux étant exactement remplies, on conçoit qu'aucune entreprise commerciale ou industrielle, eu égard au capital avancé et à la durée possible de la spéculation, ne saurait offrir de si grands avantages.

CHAPITRE PREMIER.

Il y a obscurité complète sur l'origine du 31, qui n'est autre chose que le jeu de 30—40 compliqué d'après certaines règles ; on sait seulement qu'un nommé Azon l'a mis le premier en pratique comme jeu public ; mais il n'en fut jamais l'inventeur. L'inventeur n'aurait certainement pas eu l'idée de mettre au profit du banquier tous les refaits... C'est pourtant ce qui eut lieu d'abord ; mais on s'aperçut bientôt de l'énormité du droit prélevé sur les pontes, et on le réduisit insensiblement au refait de 31 carte rouge et carte noire, aujourd'hui maintenu dans toutes les banques, à l'exception de celle de

Hombourg, qui ne compte que le refait de 31 carte noire.

Le meilleur ouvrage, selon moi, qui ait traité du 31, fut publié il y a près d'un demi-siècle, sous le pseudonyme de : *Un spéculateur*. J'en citerai les parties explicatives et les règles du jeu, qui sont invariables et en dehors de tout système. J'irai jusqu'au point où l'auteur exprime son embarras au sujet des différences qu'il a trouvées entre les termes indiqués par la théorie et les rapports de ces mêmes termes fournis par la pratique. Mes études me permettent de ne rien laisser de douteux sur cette grave question.

CHAPITRE II.

Pour jouer le 31 , le banquier emploie un sixain de cartes entières, et l'épuisement de ces 312 cartes s'appelle taille.

Le nombre des points contenus dans un sixain est de 2,040 ; il en résulte qu'une taille ne pourrait jamais aller au-delà de trente-deux coups , et jamais au-dessous de vingt-cinq ; mais ces deux extrêmes n'ont point lieu ; car il faudrait pour cela que la taille fût entièrement composée de coups formés par les points de 31 à 32 ou de 39 à 40.

En divisant 2,040 , nombre des points contenus

dans le sixain, par 312, nombre des cartes qui le composent, on obtient $6\frac{168}{312}$. En conséquence chaque carte peut être regardée comme portant un nombre de points, par approximation, égal à 6 1|2.

Pour consommer un coup de 31, il faut à peu près l'emploi de dix cartes 2|5; ainsi le terme moyen des coups dont peut se composer une taille peut être regardé, aussi par approximation, comme égal à 29, attendu qu'à la fin de chaque taille il reste presque toujours un coup effectif incomplet.

On peut regarder une taille comme ordinairement composée de vingt-neuf coups, desquels il faut soustraire un, deux, trois, quatre, cinq et quelquefois six coups, qui se trouvent annulés par la répétition des mêmes chances : et c'est ce qu'on appelle des refaits.

Il résulte de ces refaits qu'une taille ne peut être réellement regardée que comme composée de vingt-six coups effectifs. Dans toutes mes expériences, divisant le nombre de mes coups par celui de mes tailles, j'ai obtenu 25 7|8. Ici le calcul est à peu près d'accord avec l'expérience ; mais, en général, tout cela ne peut être constant, et il doit varier d'après le plus ou moins grand nombre de refaits qui ont lieu dans le courant des tailles.

L'apparition des divers refaits n'a pas lieu dans des proportions égales ; les 312 cartes dont se compose le sixain n'étant pas d'une même valeur, et leur différence étant telle que leur combinaison se prête plus facilement à former les petits points que les gros, il en résulte que le point de 31 arrive plus souvent que celui de 40 ; en effet, les chances de ces deux points sont entre elles dans le rapport de 4 à 13. Voyez figure n° 1.

TABLEAU

DU NOMBRE DES COMBINAISONS

Par lesquelles les divers points du Trente-Un
peuvent se produire.

Le point de 31	par	13 combinaisons.
32		12
33		11
34		10
35		9
36		8
37		7
38		6
39		5
40		4

N° 1.

Sur 7,225 coups, les probabilités donnent 664 fois 40, et 2,041 fois 31.

Elles donnent un 40 tous les dix $\frac{585}{624}$ coups ; ce qui fait, par approximation, un 40 tous les onze coups ; elles donnent un 31 tous les trois coups $\frac{1108}{2041}$; ce qui fait également, par approximation, deux 31 dans sept coups.

Toutes ces probabilités sont telles que le banquier, amenant 31 à la noire, il y a 85 à parier contre 13 que la rouge perdra ; et le cas contraire arrivant, et le banquier amenant 40 à la noire, il y a 85 à parier contre 4 que la rouge gagnera.

Voyez, figure n° 2, le tableau où sont les probabilités que la chance qui a le désavantage ne perdra pas ; quant aux probabilités qu'elle perdra, en admettant, si l'on veut, qu'il n'y aura pas répétition des mêmes chances, voyez figure n° 3.

LA NOIRE ayant les points de :	CHANCES pour LA NOIRE.	CHANCES pour LA ROUGE.	LA NOIRE ayant les points de :	CHANCES pour LA NOIRE.	CHANCES pour LA ROUGE.
31	85	13	31	72	0
32	72	25	32	59	13
33	60	36	33	49	25
34	49	46	34	39	36
35	39	55	35	30	46
36	30	63	36	22	55
37	22	70	37	15	63
38	15	76	38	9	70
39	9	81	39	4	76
40	4	85	40	0	72

N° 2.   N° 3.

Il résulte de tout ce qui vient d'être dit que le refait de 31 doit paraître plus souvent que les autres refaits.

Les joueurs, pour la plupart, et même quelques banquiers, varient étrangement sur ce point. Les uns prétendent le refait de 31 dans le rapport de 1 à 28 ; les autres, de 1 à 33 , et les moins déraisonnables, de 1 à 36. Le fait est que le calcul rigoureux le donne dans le rapport de 1 à 42 $\frac{127}{169}$ de tous les coups tirés, ou de 1 à 38 $\frac{34}{169}$ de tous les coups effectifs. Voyez la figure 4.

TABLEAU DE PROPORTION DES DIVERS REFAITS.

LES REFAITS	PARAISSENT	NOMBRE des COUPS TIRÉS.	NOMBRE des COUPS EFFECTIFS
Celui de 31	1 fois	Dans 42 $\frac{127}{169}$	38 $\frac{34}{169}$
32	1	50	44 $\frac{1}{2}$
33	1	60 $\frac{1}{2}$	54
34	1	72 $\frac{1}{4}$	64
35	1	89 $\frac{1}{5}$	79 $\frac{1}{4}$
36	1	113 $\frac{20}{64}$	100 $\frac{20}{64}$
37	1	171	152
38	1	202	178 $\frac{1}{3}$
39	1	287	255
40	1	451	401

N° 4.

Quand le refait de 31 se produit, le banquier prend la moitié de la mise, ou force le ponte à gagner deux coups pour un, ce qui revient au même. Ainsi tous les 85 à 86 coups tirés par le banquier, ou tous les 76 à 79 coups effectifs, le joueur est certain de perdre une masse ; et le banquier aura nécessairement, à quelque chose près, 1 1|3 0|0 de tout l'argent qui sera mis sur le tableau.

Les banques jouent ordinairement pendant douze heures ; elles font un peu plus de quatre tailles par heure, ce qui donne communément cinquante tailles par jour, et $50 \times 30 = 1,500$ coups, qui se réduisent, à cause des divers refaits, à 1,300 coups effectifs.

Dans cette révolution de 1,300 coups, il arrive ordinairement 34 à 35 circonstances où le banquier prend la moitié de tout ce qui est sur le tableau, et c'est de cela seul que se composent ses bénéfices certains ; le surplus de ses bénéfices, s'il en éprouve, tient entièrement au hasard ou à la mauvaise conduite des joueurs.

A cela près du refait, le 31 est d'une égalité parfaite.

Cependant ce jeu, si simple en apparence, puisqu'il ne se compose que de deux chances égales, est propre à produire les plus grands écarts ; et il ne serait pas étonnant de trouver une différence de 12 à 1,500 coups entre la noire et la rouge. Pour ma part, dans mes expériences, j'ai poussé la remarque jusqu'à 900 dans une période de 10,000 coups seulement.

Avant de passer à un autre sujet, je crois convenable de mettre ici sous les yeux du lecteur la formule au moyen de laquelle on peut parvenir à la démonstration rigoureuse de la manière dont se produisent et doivent invariablement se produire tous les coups du trente-un.

Le nombre des points qui peuvent avoir lieu au trente-un est de 10 ; il faut le concours de 2 de ces points pour former un coup. Le nombre des combinaisons par lesquelles les divers points peuvent avoir lieu est de 85. Voyez la figure n° 1. Ainsi le nombre 85 est le nombre proportionnel à tous les points du trente-un, et ce sera dans le carré de ce nombre que se produiront tous les différents événements qui peuvent avoir lieu en raison du nombre des causes qui leur appartiennent. $85^2 = 7,225$; de ce nombre il faudra soustraire 805 refaits, si l'on veut avoir le nombre des coups effectifs ; mais ce sera toujours dans 7,225 coups tirés par le banquier que se produiront les diverses chances, ainsi qu'il est indiqué au tableau de la figure n° 5.

Dans le nombre 7225, les 100 coups du Trente-

31	et	31 arrivera	169	33	et	36 arrivera	88
31		32	156	33		37	77
31		33	143	33		38	66
31		34	130	33		39	55
31		35	117	33		40	44
31		36	104	34		31	130
31		37	91	34		32	120
31		38	78	34		33	110
31		39	65	34		34	100
31		40	52	34		35	90
32		31	156	34		36	80
32		32	144	34		37	70
32		33	132	34		38	60
32		34	120	34		39	50
32		35	108	34		40	40
32		36	96	35		31	117
32		37	84	35		32	108
32		38	72	35		33	99
32		39	60	35		34	90
32		40	48	35		35	81
33		31	143	35		36	72
33		32	132	35		37	63
33		33	121	35		38	54
33		34	110	35		39	45
33		35	99	35		40	36

N•

Un arriveront de la manière suivante :

36	et	31	arrivera	104	38	et	36	arrivera	48
36		32		96	38		37		42
36		33		88	38		38		36
36		34		80	38		39		30
36		35		72	38		40		24
36		36		64	39		31		65
36		37		56	39		32		60
36		38		48	39		33		55
36		39		40	39		34		50
36		40		32	39		35		45
37		31		91	39		36		40
37		32		84	39		37		35
37		33		77	39		38		30
37		34		70	39		39		25
37		35		63	39		40		20
37		36		56	40		31		51
37		37		49	40		32		48
37		38		42	40		33		44
37		39		35	40		34		40
37		40		28	40		35		36
38		31		78	40		36		32
38		32		72	40		37		28
38		33		66	40		38		24
38		34		60	40		39		20
38		35		54	40		40		16

5.

CHAPITRE III.

THÉORIE DES COUPS DU TRENTE-UN, DE LEURS RAPPORTS
ET DE LEUR REPRODUCTION EXACTE.

Tous les coups du trente-un se composent de noires et de rouges : une noire ou une rouge seule s'appelle une intermittence; deux noires ou deux rouges s'appellent un coup de deux; trois rouges ou trois noires s'appellent un coup de trois, et ainsi de suite à mesure que la figure s'élève.

Toutes les figures de séries sont balancées par un nombre égal des mêmes figures en intermittence, dans un temps ou dans un nombre de coups donnés.

J'ai à signaler ici, sur la reproduction des coups,

une différence fort grave, en ce qu'elle a dû induire en erreur tous ceux qui ont établi des combinaisons basées sur les termes indiqués, d'après la théorie, dans les ouvrages imprimés.

La théorie fixe trois coups de banque pour l'apparition du coup de 2.

— sept coups — du coup de 3.

— quinze coups — du coup de 4.

— trente-un coups — du coup de 5.

Tous ces termes sont faux :

Le coup de 2 ne vient que tous les quatre coups de banque.

Le coup de 3 — tous les huit coups —

Le coup de 4 — tous les seize coups —

Le coup de 5 — tous les trente-deux coups —

Ces différences n'ont pas échappé à l'auteur dont j'ai parlé plus haut et paraissent l'avoir singulièrement intrigué : voici comme il s'exprime :

« Je dirai dans la suite comment ce principe, qui, en théorie, paraît de la plus grande évidence, s'est constamment démenti dans la pratique. »

4

Et un peu plus loin il ajoute :

« *Quoique je ne puisse me refuser à l'évidence de la théorie, j'avouerai cependant de bonne foi que la pratique et l'expérience tyrannisent étrangement ma raison à cet égard. Une révolution d'à peu près 60,000 tailles m'a toujours présenté des résultats en opposition aux principes. Je m'en suis d'abord défendu comme d'une illusion, et j'ai voulu en rejeter l'apparence sur l'erreur de mes sens ; mais une nouvelle vérification, faite avec l'attention la plus scrupuleuse, m'a donné le même résultat ; et, pendant même que je m'occupe à écrire ces observations, on me remet chaque jour de nouvelles tailles dont les résultats ne démentent point ceux que j'ai déjà obtenus.* »

On peut tenir pour parfaitement exacts les termes que j'indique : j'ai eu trop besoin d'être sûrement fixé à cet égard pour n'avoir pas agi de manière à dissiper jusqu'à l'ombre du doute. L'auteur précité, afin de s'éclairer davantage, a fait le dénombrement de cent mille coups de banque qui le rapprochent de mes termes; mais, pour mon compte, c'est sur plus d'un million de coups que j'ai opéré, et toujours les rapports se sont accordés comme je les donne.

Il est évident que les premiers calculateurs ont mal établi la base de leurs calculs, et c'est ici plus qu'ailleurs que s'applique ce dicton : une faute toujours entraîne une autre faute.

Dire que le coup de 2 vient tous les trois coups, le coup de 3 tous les sept, etc., c'est aussi dire que le coup de 1 vient tous les coups.... Vous n'en parlez pas, qu'en faites-vous?

Le coup de 1 vient tous les deux coups, le coup de 2 tous les quatre, et en doublant toujours à chaque coup qui s'ajoute à une figure, vous avez le rapport juste. Le coup de 1 se compte à chaque changement; il commence toutes les séries; dans un autre sens : il figure isolé, intermittent, pour un quart de tous les coups, et pour un quart au premier de chaque série.

Dans les cent mille coups que l'auteur a dénombrés, il trouve que le coup de 2 n'est venu que tous les 3 1|2, le coup de 3 tous les 7 1|4, et le 4 tous les seize comme je le précise; et, ce qui le frappe ensuite, c'est de voir qu'à partir de ce point jusqu'au coup de 10, tous les coups s'éloignent de plus en plus de leurs termes respectifs, et il en conclut que si réellement les choses devaient se passer ainsi, il y aurait une manière certaine de gagner au trente-un.

Je crois en effet qu'il y a des moyens de gagner au trente-un, mais ce n'est pas sur les différences signalées qu'il faut compter, car elles ne sont qu'accidentelles en cette circonstance.

Je répète ce que j'ai déjà dit : pour prendre confiance dans des études de ce genre, il faut que les résultats soient d'expériences si considérables, que le hasard n'y puisse être pour rien.

COMPARAISON DES FIGURES DE SÉRIES ET DES FIGURES D'INTERMITTENCES,

D'après leur égalité en points.

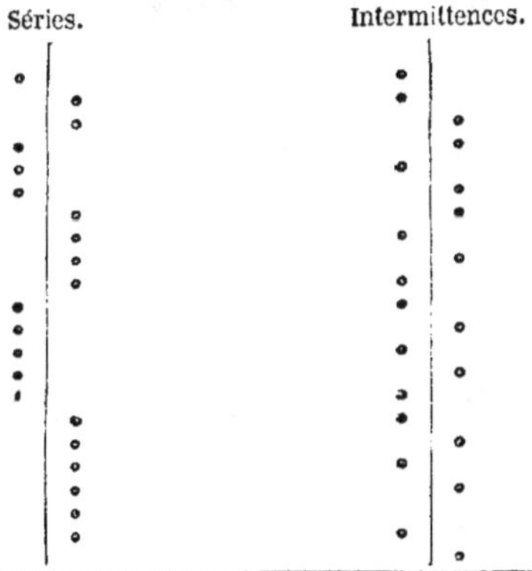

Séries.	Intermittences.

| La 1re colonne donne : | La 2e colonne donne : |

La 1re colonne donne :	La 2e colonne donne :
Coups de 2 séries, 5	Coups de 2 intermittences, 5
Coups de 3 séries, 4	Coups de 3 intermittences, 4
Coups de 4 séries, 3	Coups de 4 intermittences, 3
Coups de 5 séries, 2	Coups de 5 intermittences, 2
Coups de 6 séries, 1	Coups de 6 intermittences, 1
Et 5 coups de 2 intermittences.	Et 5 coups de 2 séries.

Dans un relevé considérable de coups de banque, on trouvera autant de coups de 2, 3, 4, 5, etc. en intermittences, qu'il y en aura en séries, ce qui ne veut pas dire qu'il faut huit coups de banque pour former deux figures de 4 ; sept suffisent.

Exemple :

Il y a bien là une figure série 4, et une figure intermittente 4.

Autre exemple :

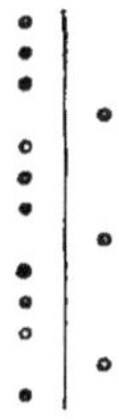

Comme dans ces 13 coups il y a trois fig. séries 3, et trois figures intermittentes 3. Si vous prenez une autre marche, vous serez contrarié dans la pratique.

CHAPITRE IV.

DES ÉCARTS.

Les écarts ne sont pas, comme on pourrait le croire, absolument relatifs au nombre de coups joués ; je mets le refait en dehors de la question, deux cent mille coups joués soit à la rouge, soit à la noire, produiront des écarts infiniment plus développés qu'une figure quelconque prise pour ou contre la gagnante. En disant pour ou contre, je fais beau jeu à ceux qui confondent tout. Mais aussi, à leur tour, quel beau jeu ils font à la banque ! Et ce sont les plus gros capitalistes qui font des applications de montantes et descendantes jouant à tout coup ! Ils sont persuadés que l'argent seul doit triompher des difficultés du ballotage et des refaits. Quelle erreur ! Il est vrai qu'elle dure peu. J'ai rarement vu ces entreprises résister plus de huit jours. Cependant pas une, en commençant, ne met en doute qu'elle fera sauter la banque.

Mais si quelqu'un doit considérer l'argent comme puissance effective, c'est assurément le banquier, qui a toujours un million à opposer aux 25 ou 30,000 francs qu'on apporte au combat, et ce million est défendu par le refait. Le combat est si inégal, dans l'état où se présente le ponte en cette circonstance, que le banquier pourrait, non seulement réduire des trois quarts le refait, mais encore le supprimer entièrement. Le ponte obtiendrait sans doute des avantages momentanés de quelqu'importance, mais si, pour cette faveur, le banquier mettait pour condition que l'opération durera jusqu'à la ruine de l'une ou l'autre des parties, il arriverait, comme cela arrive du reste, qu'il encaisserait encore tous les capitaux. Jouer à tout coup sur l'un ou l'autre tableau, comme sur l'un et l'autre alternativement, c'est s'exposer à des écarts dont nul capital ne saurait faire obtenir la rentrée.

En général, une méthode doit être composée de figures dont les rapports se rapprochent le plus possible : une figure dont le rapport prend huit coups de banque, ne sera pas garantie dans les écarts qu'elle amène par l'adjonction d'une figure dont le rapport est de trente-deux ou plus de coups ; mais si, avec cette figure qui vient en huit coups, on en met de trois ou quatre sortes qui ne viennent qu'en seize ou trente-deux, il est certain que les écarts seront de courte durée. De même, une figure qui ne prend que quatre coups de banque, sera bien alliée avec deux ou trois qui en demandent huit.

L'application de montantes et descendantes, aussi bien que de martingales, ne donnera guère de satisfaction que si les figures adoptées peuvent triompher du refait, étant jouées à masse égale. Mais on veut jouer à tout coup, c'est moins ennuyeux. Quelle idée de chercher de l'agrément dans les jeux d'argent !

Pour faire bien comprendre que, dans les applications les mieux établies, il n'y a pas lieu de s'étonner d'écarts d'une certaine portée, je vais donner deux exemples qui m'ont paru assez intéressants pour en prendre note et les consigner ici.

Voici, d'après l'annuaire du bureau des longitudes de 1853, quel a été, en 1850, le mouvement de la population en France :

Il est né 962,972 individus, savoir :

Légitimes : Masculins, 459,306. — Féminins, 433,712.

Naturels :   Masculins,   35,302. — Féminins,   34,652.

Il est mort 775,652 individus, savoir :

Masculins, 389,506. — Féminins, 386,147.

Si bien que l'accroissement total de la population a été de 187,319.

Il y a eu 297,657 mariages.

Pour le présent, le point remarquable se trouve

dans la différence qui existe entre les enfants légitimes et les enfants naturels. Nous voyons que 893,018 des premiers présentent une dominante des garçons sur les filles de 2 3|4 p. 0|0, tandis que, dans les 69,954 derniers, les garçons ne l'emportent pas de 1 p. 0|0 !

Faudrait-il en conclure qu'il y a une raison pour qu'il en soit toujours ainsi ? Bien avisé qui le prouverait.

Ne nous étonnons point que, dans les coups du jeu, on ait à subir de fréquents écarts, mais étudions les moyens d'en resserrer les limites.

Voici l'autre exemple :

Ayant lu dans les journaux que, chaque jour, à deux heures, il se fait au Palais-Royal, Café de Paris, une partie de billard entre deux très forts joueurs, MM. Charles et Raymond, je m'y suis rendu *le* 28 février. Ces messieurs, en effet, jouent admirablement.

Après la partie, on a fait la récapitulation des points obtenus de part et d'autre en dix-sept séances, et je regarde comme une chose digne de remarque le résultat suivant : 5,719 points ont été faits entre les deux joueurs, et la différence consiste en 5 points seulement : 2,862 contre 2,857! Mais, une chose non moins remarquable, c'est que, pour arriver à ce résultat, il y a eu plusieurs séances donnant des différences de 100 points et plus.

Lorsque je fis une expérience de 12,000 coups de 30-40 joués masses égales chez M. St-L., je débutai par un écart de 100 masses ; la rentrée se fit immédiatement ; puis, presque aussitôt, nouvel écart de près de 100 masses. Si bien que, parvenu à 5,300 masses, je n'étais qu'au pair. Mais dans les 7,000 qui complétèrent l'épreuve, tout se passa de manière que, le refait déduit des 12,000 coups joués, il me resta 2 p. 0|0. L'analogie de ces deux parties n'est-elle pas singulière comme ballotage ?

CHAPITRE V.

ERREURS ET PRÉJUGÉS ACCRÉDITÉS PARMI LES JOUEURS.

La partie la plus rebelle de nos études, dans notre jeunesse, est d'ordinaire la science des nombres ; elle exige un calme et une attention soutenus, qui s'accordent mal avec la vivacité de notre sang ; et comme ce que l'on n'a pas facilement appris lors des premières impressions s'oublie vite, il résulte que l'homme est généralement paresseux sur tout ce qui commande un examen réfléchi, une analyse exacte, et il accueille bénévolement comme vrais des faits erronés, des préjugés souvent nuisibles.

Combien de fois n'ai-je pas entendu dire au salon, que la roulette donne des séries plus élevées que le 31 ; comme si le débit des coups de l'un et de l'autre jeu n'était pas identique ! Un spéculateur imbu de ce préjugé, et dont les combinaisons se sont portées sur les figures de séries, va donc s'asseoir à la roulette, opère plus ou moins longuement, et perd, par ignorance, plus que du double droit prélevé au 31.

Ce qui donne lieu à cette erreur, c'est qu'en effet la table de la roulette produit plus d'événements que celle du 31 ; je dis la table ou le tableau, car la roulette, de sa nature, est parfaitement semblable, pour le débit des coups, au sixain de cartes ; mais son tableau, portant un tiers plus de chances que celui du 31, donne lieu naturellement à un tiers plus d'événements, à un tiers plus de séries... voilà la seule raison.

J'eus un jour une longue discussion avec un des plus anciens habitués des salons de jeu, homme vif, pétulant et tranchant dans ses assertions. Il dénaturait le principe du jeu, prétendant que la taille de la roulette étant plus longue que celle des cartes, il en résultait nécessairement de plus longues figures. Je lui demandai ce qu'il appelait taille dans la roulette ; car il n'y a pas de reprises avec elle. — Le cylindre, parbleu! qui porte 37 numéros. — De sorte, lui dis-je, que si le cylindre contenait deux cents numéros, on verrait des séries comme il n'en a pas encore paru? — Cela va sans dire. — Et pour exemple il me cita deux faits par lui accomplis : une série de 37, et une intermittence de 45. — Allons donc! vous plaisantez. Comment procédiez-vous donc? — Il m'expliqua que, pour aller plus vite dans ses expériences, il battait bien un sixain de cartes, le mettait en tas comme au 30—40, et inscrivait, depuis la première jusqu'à la dernière, les cartes par couleur rouge ou noire. — Et vous avez expérimenté longtemps de cette manière? Vous avez fait là de belle besogne. Comment n'avez-vous pas compris et ne comprenez-vous pas encore que, lorsque vous avez débité le sixain de 312 cartes, vous avez toujours pour résultat 156 rouges et 156 noires ; tandis que 312 coups débités au 30—40 donnent parfois deux tiers et plus d'un côté?... Il ne souffla mot et partit.

Les masses jouées à cheval sur deux tableaux donnent plus de prise au refait. Erreur d'autant plus étrange qu'elle est partagée par de très anciens employés aux banques. Il y a dans cette question quelque chose de spécieux qui trouble le raisonnement de ceux qui, par paresse, admettent tout sans contrôle. On dit : il y a un grand nombre de coups nuls ; un grand nombre ne précise pas. Les masses simples n'ont pas cet inconvénient.

Ce raisonnement n'est pas juste; les masses simples ont tout autant de coups nuls que celles jouées en double. Je l'explique :

Vous jouez, je suppose, 456 pièces sur un seul tableau. Moi, je joue 228 coups à deux pièces sur les deux tableaux, ce qui fait un nombre égal. Le rapport balancé vous donnera 228 pièces perdues et 228 gagnées.

De mon côté, je perdrai 57 coups doubles ou 114 pièces.
Je gagnerai 57 — 114 —
Et il y aura de nuls 114 — 228 —

Total égal. . . 456 —

Pour le refait ou droit de banque, qui vient tous les 38 coups. il vous frappera douze fois et vous enlèvera six pièces; tandis qu'il m'atteindra six fois et m'enlèvera trois masses doubles, c'est-à-dire six pièces. Où voyez-vous une différence? Pour qu'il y ait eu de mon côté 114 coups nuls, il a bien fallu que, chaque fois, un des deux côtés gagnât.

En disant que le refait vient tous les 38 coups, c'est le droit établi à toutes les banques, excepté celle de Hombourg, où il ne frappe que tous les 76 coups.

Est-ce que, en masses simples, un coup gagné, l'autre perdu, ne font pas un coup double nul? J'ai démontré l'avantage que j'obtiens de la réunion de deux figures semblables.

Un ancien auteur rapporte avoir relevé plus de 100,000 coups joués d'après les cartes mêmes, c'est-à-dire la manière dont le point est formé. Si, par exemple, le point est formé de 8 cartes, cela indique que le coup suivant doit être joué à la noire, car les huit cartes en portent nécessairement 6 grosses. Mais si le point est fait en basses cartes, c'est à rouge qu'il faut jouer. Les résultats ont généralement donné 3 0/0. En tenant pour exact ce grand travail, et je l'admets pour mon compte, parce que cet auteur s'exprime en tout point avec beaucoup de sens, n'affirmant que ce dont il est sûr, et faisant sincèrement part de ses doutes sur l'exactitude de certaines parties données pour justes par la théorie, il est certain que 3 0/0 sur 100,000 coups sont un avantage qui a dû déterminer bien des entreprises.

J'ai vu deux spéculateurs s'y appliquer longuement et avec assez d'argent pour réussir, s'ils avaient été plus expérimentés sur la marche et les écarts du jeu, de quelque manière qu'on l'envisage.

Celui qui pratiqua le premier a tenu plusieurs mois, obtenant d'assez beaux bénéfices ; mais, sur un écart qui mit sa patience à l'épreuve, il s'avisa de renverser sa méthode et de jouer *contre* ce qu'il avait joué *pour* jusque-là ; ce qui lui réussit mal, car l'écart étant rentré, il n'en eut pas le profit, et, une fois engagé dans cette fausse voie, il fut bouleversé. Cependant la méthode ne s'est pas démentie.

L'autre opération fut mieux conduite. C'était une dame qui suivait une montante avec beaucoup de précision ; elle ne jouait que d'après les grosses car-

tes et ne massait qu'à la noire. Elle commençait à
l'ouverture de la banque, et continuait, sans inter-
ruption, jusqu'à la clôture, de onze heures du matin
à onze heures du soir. Son succès dura plus de deux
mois, alors survint un écart qui déborda sa progression, et elle cessa tout à fait, mais sans toutefois
avoir perdu entièrement son gain. L'écart, m'a-t-on
dit, était allé à 80.

Selon moi, ces deux résultats ne prouvent rien
que la faiblesse des opérateurs; un écart de 80 se
présente à chaque instant dans un jeu un peu actif.
Pour cette dame, il a dû être fort impatientant,
parce que le point de 8 grosses cartes vient à peine
deux fois par taille, et, pour peu que le ballottage se
prolonge sans rentrée, un mois et plus se passe en
pure perte de temps.

Pour ce jeu, il faudrait observer les grosses et les
basses cartes, et masser sur les deux chances.

Au surplus, l'application d'une montante exposera toujours les capitaux à de violentes secousses.

J'ai prolongé cet article par des citations, et n'ai pas encore expliqué ce qui m'a engagé à le commencer.

A chaque instant, on voit des joueurs passer à la rouge les masses jouées d'abord à la noire, et cela en raison d'un refait sur petit point, présumant que celui qui va suivre sera fort et fera perdre le tableau noir. Cependant, si le point donne 31 ou 32 en 8 cartes, c'est jouer contre la probabilité que de passer à la rouge; le point est petit, il est vrai, mais les cartes sont les plus fortes possibles. C'est donc d'après les cartes, et non le point, qu'il faut agir à la suite d'un refait.

––––––

Dans les attaques par progression, beaucoup de joueurs prétendent paralyser l'effet du zéro de la roulette, parce qu'ils le couvrent d'une masse proportionnelle. Il y en a qui vont plus loin, le zéro les sert (avis aux directeurs). Comme si le zéro ne prélevait pas son droit sur lui-même aussi bien que sur les 36 autres numéros! S'il arrive pourtant que le zéro vous serve, c'est parce que, la masse étant en prison, vous continuez votre progression, et c'est alors au détriment de votre progression que le zéro vous sert, ce qui peut devenir très-grave.

Combien de fois n'ai-je pas entendu dire, par de très-anciens joueurs, que les chances simples donnent plus de séries que d'intermittences. Ce n'est pas connaître le jeu. Non, cela est inexact, les séries et les intermittences sont en tout point en parfait équilibre : autant de figures de 2, de 3, de 4, etc., d'une part que de l'autre ; mais, pour avoir régulières les figures d'intermittences, on doit compter le dernier coup de la série, qui finit comme le premier de celle qui commence.

Un des bons clients de la banque me soutenait

dernièrement avoir un paroli tous les quatre coups.
— Vous êtes bien adroit, lui dis-je, je me trouverais
heureux, moi, d'en avoir un, ni plus ni moins, tous
les six coups. Il prenait le rapport du coup de 2 pour
celui du paroli.

———

Un préjugé que je combats de toute ma force,
parce que trop de joueurs en sont imbus, est d'isoler
entièrement les tailles et de ne tenir compte que des
faits de chacune. C'est là une erreur bien préjudicia-
ble, en ce qu'elle réduit de moitié, souvent des trois
quarts des relevés d'après lesquels on engage de
gros capitaux. Je l'ai dit : en matière de jeu, les expériences ne sauraient jamais être trop considérables ; or, séparer les tailles, c'est d'avance réduire
vos études de moitié, affaiblir les preuves que vous
cherchez, et vous mettre dans le cas de faire des
applications d'argent en raison de faits insigni-
fiants.

Un jour, quelqu'un m'écrit pour me donner connaissance d'observations qu'il venait de faire sur 6,000 coups, et me demander mon sentiment sur le résultat. Je crus d'abord qu'il s'agissait de 6,000 coups qui auraient été joués; mais non, pendant ce nombre, débité par la banque, il avait eu à masser 7 à 800 coups, qui lui en auraient donné 138 de bénéfice, — Gardez-vous de vous engager là-dessus, lui dis-je, c'est un feu de paille; continuez vos observations, et vous ne tarderez pas à vous en convaincre. Il continua, et deux jours après il se trouvait au pair.

Non, les tailles ne doivent pas être séparées; toutes celles d'un jour, d'un mois, de dix années, n'en font qu'une seule parfaitement homogène. S'avise-t-on de faire des tailles des coups débités à la roulette? Eh bien, le cylindre de la roulette et les sixains du 30-40 sont une seule et même chose.

Encore un mot à ce sujet : une taille, formée de

tous les coups d'un sixain, ne vaut pas mieux qu'une taille composée de coups notés çà et là à diverses banques.

La manière usitée d'inscrire les coups de haut en bas n'est en rien préférable à l'inscription des coups de gauche à droite; mais il ne faut pas dénaturer le jeu, noter une rouge pour une noire, une couleur pour une inverse.

CHAPITRE VI.

DE L'INSCRIPTION DES COUPS DE GAUCHE A DROITE, RELEVÉS SUR LE GRAND ET LE PETIT TABLEAU.

On appelle grand tableau celui portant la rouge et la noire.

On appelle petit tableau celui donnant la couleûr et l'inverse.

On peut inscrire les coups de gauche à droite par deux, trois ou quatre colonnes. Le premier avantage que je trouve en cela est de voir, un, deux ou trois coups d'avance, ce que j'ai à jouer; puis, de multiplier les coups débités par le banquier.

Je vais donner cinq tailles piquées dans l'ordre ordinaire de haut en bas, et *les mêmes coups piqués de gauche à droite* par trois colonnes:

TAILLES PIQUÉES DE HAUT EN BAS

N	R	C	I	N	R	C	I	N	R	C	I

LES MÊMES TAILLES PIQUÉES EN TRAVERS

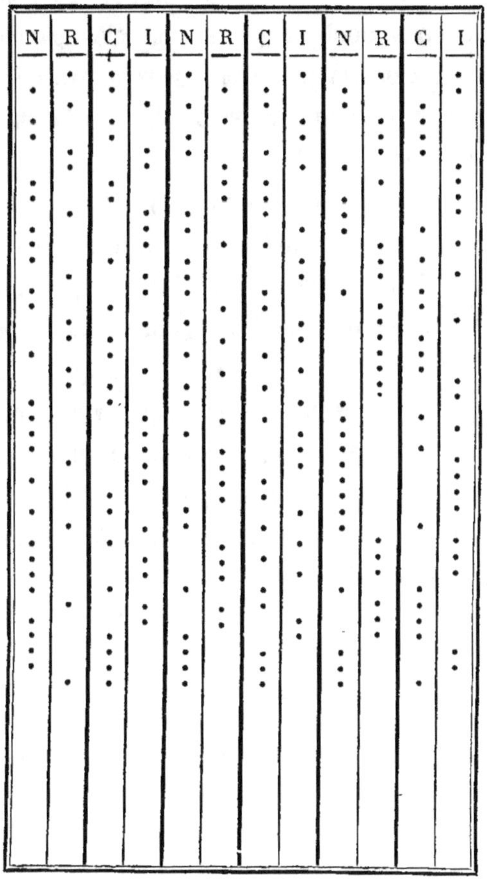

N	R	C	I	N	R	C	I	N	R	C	I

Il suffit d'un coup d'œil sur chaque partie pour comprendre que l'une vaut l'autre. Si je fais une opération par figures simples, je puis suivre en même temps ces deux ordres de piqué ; mais si je joue des figures doubles, je ne dois plus piquer de haut en bas ; alors je pique par deux et trois colonnes, ou par trois et quatre colonnes ; j'en donnerai la raison plus loin.

Je dois pourtant bien aviser que, pour que le piqué horizontal soit sans inconvénient, il ne faut pas que la méthode appliquée fasse masser plus de deux à trois fois par taille des deux tableaux ; autrement le piqué droit ordinaire deviendrait nuisible, parce qu'il donnerait lieu à des oppositions et des rencontres qu'on ne pourrait observer qu'en piquant les deux manières en même temps. Je suis heureux que la nouvelle édition de 1870 me permette de signaler cette cause occulte si contraire au progrès.

CHAPITRE VII.

DES FIGURES SIMPLES ET DES FIGURES DOUBLES.

Les figures simples sont celles qui se jouent sur un seul tableau et isolément; les figures doubles sont jouées sur les deux tableaux en même temps.

On n'èst jamais dans le cas de jouer plus d'une masse sur une figure simple, si on ne pique qu'une carte; si on en pique deux, il arrive de temps à autre que, chaque carte indiquant la même figure au même instant, on a deux masses à mettre sur le même tableau.

Mais si l'on pique deux cartes jouant des figures

doubles, il se pourrait, par cas extraordinaire, que l'on eût à mettre quatre masses sur le même tableau, bien que toujours on ne jouât qu'à masse égale.

Exemple des figures jouées simples :

Je suppose que l'on joue la figure série 4 et la figure intermittente 4, l'une et l'autre pour qu'elles deviennent 5, et cela au piqué d'une seule carte :

N	R	C	I

Sur la 1re col. ou grand tableau, on a gagné 3 masses et perdu 2.
Sur la 2e col. ou petit tableau, on a gagné 3 masses et perdu 1.

On a dû jouer une fois sur les deux tableaux
en même temps, mais une seule masse + sur chacun.

Dans l'exemple suivant, ce sera différent.

Je dois dire ici que la + indique un coup de gain ;
le — indique un coup perdu. Ici les mêmes figures
sont jouées sur deux cartes piquées en même temps :

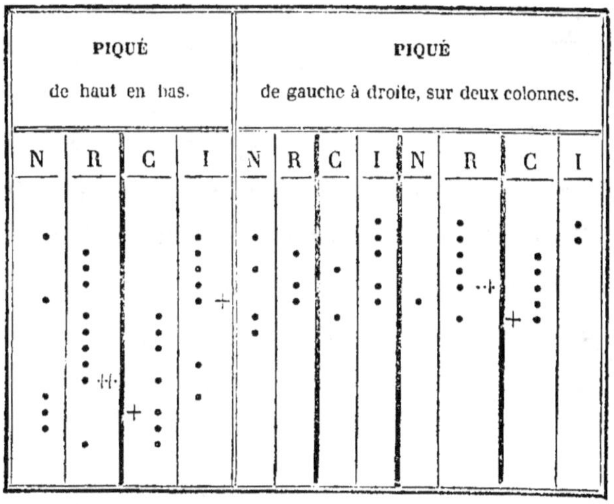

PIQUÉ de haut en bas.				PIQUÉ de gauche à droite, sur deux colonnes.							
N	R	C	I	N	R	C	I	N	R	C	I

Dans ces quatorze coups piqués, on voit qu'au
dixième, il y a eu à jouer à la rouge sur l'une et

l'autre carte. Les autres coups joués ne se sont pas rencontrés ; il a donc fallu mettre deux masses à la rouge. Ce cas se présente tantôt sur un tableau, tantôt sur l'autre ; quelquefois sur les deux tableaux au même coup.

On comprend que, piquer en double de cette manière, c'est comme si deux tailleurs dictaient en même temps. (On appelle tailleur, en banque, celui qui tient les cartes).

Les figures doubles sont celles qui ne sont jouées que lorsqu'il s'en présente au même instant une sur chaque tableau. Je suppose ici que l'on joue la série 3, pour qu'elle devienne 4 ; la carte est piquée de gauche à droite et par trois colonnes ; exemple :

3—3

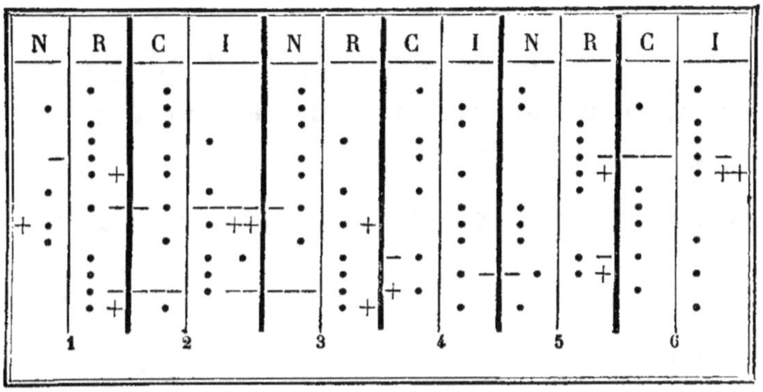

N	R	C	I	N	R	C	I	N	R	C	I
1		2		3		4		5		6	

Quand on joue les figures doubles, toutes les colonnes sont liées deux par deux, en avançant d'une
seulement. Ainsi le n° 1 et 2 est la première liaison,
2 et 3 la seconde, 3 et 4 la troisième, 4 et 5 la quatrième, 5 et 6 la cinquième, et 6 et 1 la sixième.

Les trois colonnes 1, 2, 3 ayant donné trois figures
de 3 intermittentes, il a donc fallu mettre une masse
à la noire et une masse à l'inverse pour la liaison des
nᵒˢ 1 et 2, et pour la liaison des nᵒˢ 2 et 3, répéter
une masse à inverse, ce qui en fait deux ensemble

sur cette couleur; puis, le coup d'après, jouer une masse à la rouge.

En commençant, il y a eu trois séries de 3, sur les n°ˢ 1, 5 et 6 : le n° 1 allant avec le n° 6 et le 5 avec le 6, il a fallu mettre d'abord une masse au n° 1 et, deux coups après, en mettre une pour la liaison 5 et 6, et une de plus sur le n° 6 pour la liaison 6 et 1.

On voit encore deux séries de 3 aux n°ˢ 4 et 5 qui ont été perdues ; immédiatement après, il s'est formé deux intermittences de 3, qui ont été gagnées.

Au bas des colonnes 1, 2, 3, on voit trois séries de 3 : celles n° 1 et n° 3 gagnent, mais celle n° 2, qui a reçu deux masses, les a perdues.

Ce détail paraît d'abord compliqué, comme tout ce qu'on explique, mais dans la pratique c'est chose fort simple.

Ce qui l'est moins et exige une grande habitude, c'est de conduire deux cartes en observant les coups doubles, comme on vient de les voir, et, de plus, de masser sur chaque carte exactement les masses simples ou doubles dans l'état respectif des deux cartes, ce qui fait que parfois on doit mettre quatre masses sur une même couleur, quoique pourtant on ne joue pas autrement qu'à masse égale.

En cet état on quadruple les coups de banque et on fait, en une heure, ce que fait, en quatre, une personne qui pique de haut en bas. — Et si cette personne ne pique que le grand tableau, comme font la plupart des joueurs, on obtient en une heure ce qu'elle n'a qu'en huit.

Des dernières figures qui précèdent : série 3, jouée pour 4 et intermittence 3, également jouée pour 4, ma première expérience en a donné près de :

200,000, et l'application effective que je fis à Hombourg à raison de 15 fr. de masse dépassa 100,000

C'est donc de ces 2 figures, 300,000 masses égales,

qui, au pair, ont donné près de 1 p. 0|0. — La partie jouée, effectivement, me donna 813 masses, ce qui n'amusait pas du tout la banque, qui venait d'ouvrir ses salons et n'avait pas foule. Le 1ᵉʳ janvier, elle établit le refait carte noire, et je dus chercher des moyens de bonifier l'avantage que j'obtenais au pair, ce qui m'a fait faire d'incroyables travaux.

———

De la figure quatre, série, jouée pour 5, comme de la figure quatre, intermittente, jouée également pour 5, dont l'exemple commence ce chapitre, j'en ai un état de trente mille dont la moitié ont été effectivement joués. Je n'ai le détail que de 16,629 masses, que je donne tout au long, ainsi que le motif qui donna lieu à cette recherche; quant aux 13,988 dont je n'ai que les divisions, les voici comme elles sont portées sur mon livre:

14 septembre. . . .	2,858	2,831
15 janvier.	1,511	1,516
15 mars.	1,020	944
12 juin.	1,683	1,625
	7,072	6,916
Avantage.	156 brut sur 13,988	
A déduire, 2|3 0|0 pour droit	93	
	63 bénéfice net.	

J'ai fait le relevé suivant, qui m'était inutile, pour convaincre un conseiller de mes amis, qui ne voulait pas croire à un fait constant, que je reconnus dès l'origine de mes études. J'affirmais un avantage d'ascendance, au pair, de 1 p. 0|0.—Ce conseiller niait et rejetait bien loin la possibilité d'un tel avantage. Je lui dis alors : « Vous m'avez vu relever près de 200 cartes depuis mon retour ; elles sont numérotées par ordre et portent plus de 130,000 coups de banque ; je vais faire le relevé de la figure 4, série et intermittence jouée pour 5, et j'ose garantir que ce que je viens d'avancer sera confirmé en moyenne.

Quelques jours après, je lui portai le paquet de 194 cartes et l'état ci-joint. Je le donne au long, pour montrer la manière dont j'ai toujours procédé.

En dedans des colonnes de *recette* et *dépense*, j'ai noté les gains et pertes nets, afin d'avoir, d'un coup-d'œil, le développement des écarts.

Il faut faire attention que mes épreuves sont à masses égales et non à martingales, ce qui est bien différent. Par exemple, dix mille masses jouées par martingales de sept progressions ne sont pas à beaucoup près aussi fortes, comme épreuve, que dix mille masses égales : car elles auront fait, jouées par 1, 2, 4, 8, 16, 32, 64, un mouvement de 70 mille pièces, contre dix mille seulement, c'est-à-dire qu'avec moins de quinze cents masses vous arrivez à un mouvement d'argent égal.

TABLEAU

DONNANT LE MOUVEMENT DE 16,629 MASSES ÉGALES

DU COUP DE 4 SÉRIE ET INTERMITTENCE.

NUMÉROS des Cartes.	RECETTES.	GAIN.	PERTE.	DÉPENSE.
1	49		2	51
2	58	11		47
3	46		4	50
4	56	»	»	56
5	53	5		48
6	36		14	50
7	66	17		49
8	61	12		49
9	61	14		47
10	65	17		48
11	56		5	61
12	56	10		46
13	56	2		54
14	58	4		54

NUMÉROS des Cartes.	RECETTES.	GAIN.	PERTE.	DÉPENSE.
15	60	11		49
16	49		4	53
17	44		15	59
18	59	9		50
19	55		15	70
20	38		24	62
21	42		10	52
22	55	9		46
23	50		17	67
24	59	17		42
25	54		4	58
26	66	20		46
27	63	19		44
28	65	6		59
29	47		14	61
30	49		10	59
31	56	10		46
32	53	4		49
33	59	18		41
34	61	5		56

NUMÉROS des Cartes.	RECETTES.	GAIN.	PERTE.	DÉPENSE.
35	52		6	58
36	59	8		51
37	56		6	62
38	56	4		52
39	40		9	49
40	62	18		44
41	73	16		57
42	44		6	50
43	52		1	53
44	55	5		50
45	45		9	54
46	47		4	51
47	54	16		38
48	50	2		48
49	62	6		56
50	50	2		48
51	47	3		44
52	52	5		47
53	52		4	56
54	55	12		43

NUMÉROS des Cartes.	RECETTES.	GAIN.	PERTE.	DÉPENSE.
55	31		22	53
56	42		17	59
57	49	3		46
58	48		6	54
59	34		37	71
60	47		4	51
61	47		9	56
62	57	5		52
63	53		3	56
64	58	10		48
65	53	8		45
66	49	1		48
67	16		10	26
68	49		5	54
69	37		19	56
70	44		5	49
71	52	5		47
72	55		6	61
73	63	24		39
74	50		2	52

NUMÉROS des Cartes.	RECETTES.	GAIN.	PERTE.	DÉPENSE.
75	54	8		46
76	43		14	57
77	43		13	56
78	60	12		48
79	46	2		44
80	53	4		49
81	52	»	»	52
82	53	6		47
83	42	2		40
84	33		9	42
85	43	7		36
86	37	5		32
87	28		15	43
88	37	1		36
89	38	4		34
90	33		10	43
91	41	7		34
92	37	3		34
93	38		4	42
94	38		3	41

NUMÉROS des Cartes.	RECETTES.	GAIN.	PERTE.	DÉPENSE.
95	43	13		30
96	40	17		23
97	42	12		30
98	37	7		30
99	39	6		33
100	38		9	47
101	34		5	39
102	29		13	42
103	40	15		25
104	38	15		23
105	42	10		32
106	39		1	40
107	28		14	42
108	44	16		28
109	34	1		33
110	38	9		29
111	39		3	42
112	33	2		31
113	34		11	45
114	27		11	38

NUMÉROS des Cartes.	RECETTES.	GAIN.	PERTE.	DÉPENSE.
115	38	»	»	38
116	33		6	39
117	41	9		32
118	44	10		34
119	40	4		36
120	34	10		24
121	33		1	34
122	40	4		36
123	33		14	47
124	39	7		32
125	29		7	36
126	33		7	40
127	36		3	39
128	30		2	32
129	19		9	28
130	36	6		30
131	41	10		31
132	40	5		35
133	44	10		34
134	29		14	43

NUMÉROS des Cartes.	RECETTES.	GAIN.	PERTE.	DÉPENSE.
135	39	3		36
136	30		3	33
137	37	6		31
138	33		8	41
139	34		1	35
140	40	8		32
141	41	«	«	41
142	27		14	41
143	37		3	40
144	36	1		35
145	34		14	48
146	36	1		35
147	35		7	42
148	37	3		34
149	47	15		32
150	36		5	41
151	43	6		37
152	36		4	40
153	39	2		37
154	41	9		32

NUMÉROS des Cartes.	RECETTES.	GAIN.	PERTE.	DÉPENSE.
155	27		12	39
156	39	14		25
157	42	11		31
158	32		5	37
159	37		4	41
160	28		15	43
161	42	9		33
162	40	12		28
163	41	7		34
164	48	18		30
165	40	5		35
166	33		12	45
167	46	10		36
168	34		9	43
169	39	5		34
170	32		9	41
171	41	8		33
172	38	1		37
173	39	»	»	39
174	44	14		30

NUMÉROS des Cartes.	RECETTES.	GAIN.	PERTE.	DÉPENSE.
175	35	1		34
176	40		8	48
177	33		3	36
178	41	7		34
179	38	»	»	38
180	36		9	45
181	31	1		30
182	42	13		29
183	41	7		34
184	27		3	30
185	40	6		34
186	36	6		30
187	34	3		31
188	43	16		27
189	41	13		28
190	44	10		34
191	47	5		42
192	37		2	39
193	36		11	47
194	32		8	40

Cet état donne, comme on le voit, le relevé des coups joués sur chacune des 194 cartes, et présente un mouvement de

16,629 masses, dont 8,411 gagnent, et 8,218 perdent.

Les quatre relevés qui le précèdent en présentent un de 13,988   7,072   6,916

30,617	15,483	15,134

Avantage au pair. . . . 349

Oter pour droit. 200

Bénéfice net. 149

Le fait remarquable en ceci est d'avoir annoncé exactement ce qui est arrivé. Quant à l'avantage obtenu, l'observateur ne manquera pas d'examiner de quelle manière il est réparti. En général, le produit doit suivre le plus près possible le mouvement des masses; et quand on a fait un grand travail, il est bien de le diviser, le subdiviser, afin de reconnaître si l'avantage qui en ressort n'est pas l'effet d'un écart.

DE LA FIGURE 2, JOUÉE EN DOUBLE, C'EST-A-DIRE 2—2,
SUR LES DEUX TABLEAUX.

Exemple :

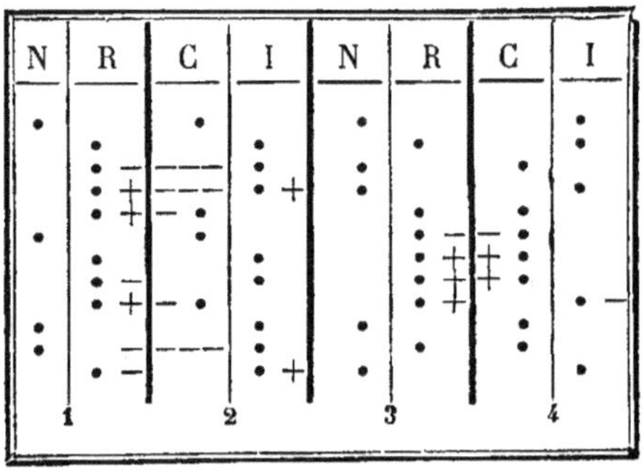

Les colonnes n°s 1 et 2 présentent un coup double
gagné, et le coup suivant la même figure gagne à
rouge et perd à inverse.

Quatre coups après, un coup double gagne à rouge
et perd à inverse.

Immédiatement après, un nouveau coup perd à
noire et gagne à inverse.

Les colonnes n⁰ˢ 3 et 4 donnent un coup double, qui gagne deux fois de suite, et à la troisième, gagne à rouge et perd à couleur.

Les états que j'ai de cette seule figure double prendraient trop de place ici ; je donne seulement le chiffre de chacune des quatre divisions qui composent ce grand travail :

La 1ʳᵉ division comprend, masses jouées,	47,520.	Bénéfice net,	540
2ᵉ division — —	46,636.	—	480
3ᵉ division — —	52,724.	—	540
4ᵉ division — —	37,576.	—	522
	184,456.		2,082

Voilà donc 184,456 masses toujours égales, qui en ont gagné au pair 3,311, et net 2,082 ; le droit de banque en ayant enlevé 1,229.

Si le hasard était pour quelque chose dans ce résultat, on ne verrait pas, à coup sûr, un avantage proportionnel aussi régulièrement réparti.

Dans ce point d'attaque, les écarts sont très brusques, mais rentrent aussi vivement ; le plus développé n'a pas atteint deux cents.

La figure double 3-3, qui a été détaillée dans ce chapitre, entre dans mes études, ou dans la mise en pratique en banque, pour plus de cent mille masses, dont le produit moyen, droit payé, atteint 2 0|0.

C'est la même attaque que le 2-2 dont je viens de donner l'état, mais commencée un coup plus tard.

De même, la figure double 4-4 commence un coup après celle 3-3.

Mais il faut savoir que l'attaque une fois commencée de ces trois figures doubles, on la continue jusqu'à ce qu'il y ait perte ou coup nul. Le coup nul gagne d'un côté et perd de l'autre.

Malheureusement les figures doubles 3 et 4 ne sont pas d'une fréquente apparition, et rendent de temps à autre le travail à la banque fort pénible quand on entre en écart. Pour ce genre de contre-banque, il faudrait être organisé, réglé comme l'est la banque elle-même ; que les opérateurs se relevassent par quart.

Bien que, dans mon analyse, j'en parle, je vais répéter ici la raison pourquoi les coups doubles deviennent si vite rares.

Je dis que le coup de 2 vient en 4 coups, le 3 en 8, le 4 en 16.

C'est dire que deux coups de 2 viennent pour un coup de 3, et deux coups de 3 pour un coup de 4, et c'est juste.

Maintenant, je parle des coups doubles 2-2, 3-3 et 4-4. Il ne faut pas croire que la proportion soit la même que dans les coups simples : il n'apparaît pas deux coups de 2-2 pour un coup de 3-3, et deux 3-3 pour un 4-4. La proportion est de quatre pour un ; il vient quatre 2 doubles pour un 3 double et quatre 3 doubles pour un 4 double.

Un joueur qui ne voudrait suivre que le 4 double et relèverait les coups à la manière ordinaire, de haut en bas, ne trouverait à masser une fois qu'en deux heures et demie. Ce n'est que par des essais multipliés, des applications de tout genre et une patience soutenue par la ferme volonté de tout approfondir, que je suis parvenu à compléter toutes mes recherches.

———

Le 2-2 dont je donne le dessin plus haut est joué plus avantageusement, lorsque les deux membres sont précédés de séries de 3 ou de 4, comme il suit :

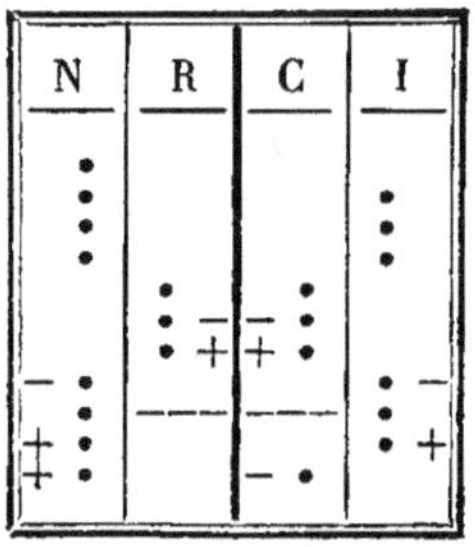

N	R	C	I

J'unis de la même manière une série de à3 un

coup de 2, l'une et l'autre étant précédés : la série 3, d'une série de 2 ou de 3, et le coup de 2 d'une série de 3 ou plus, exemple :

<pre>
 N │ R   C │ I
   ·   ·
   ·   ·
   ·   ·
       ·   ·
   ·   ·   ·
   · —̄|—̄ ·
   · +│+ ·
</pre>

Ces figures sont plus calmes, plus productives, mais aussi beaucoup moins fréquentes. Il faut les réunir à d'autres.

Voici, par divisions, 47,272 masses de coups doubles 4-4, tant relevés sur cartes qu'effectivement joués :

ORDRE des divisions.	MASSES.	MASSES. Avantage brut.	MASSES. Net de droit.
1re	6,260	258	206
2e	4,944	196	162
3e	5,204	210	175
4e	4,696	170	139
5e	5,136	100	66
6e	3,900	138	112
7e	3,752	128	103
8e	3,412	74	51
9e	9,968	135	81
	47,272	1,409	1,095

Le lecteur attentif ne manquera pas d'observer que, bien que le résultat de cette grande opération (vu la rareté d'apparition de cette figure double) soit satisfaisant, il ne se trouve pas néanmoins à la hauteur des termes donnés dans l'analyse, qui obtient sur le 4-4 plus de 4 0|0.

La raison, je vais la donner; elle a cela de particulier qu'elle confirme singulièrement le travail ana-
lytique.

Dans l'analyse du coup de 4, c'est de la série qu'il
est question, et non de l'intermittence; mais encore
cette dernière, accouplée, produit le même effet;
elle grossit au même point les 2|3 d'ascendance dé-
rivant du principe régulateur. Aussi, dans mes applications l'ai-je jouée comme la série. Il n'y aurait
donc jusque-là rien à remarquer. Cependant cette
figure, mettant ma patience à une trop rude épreuve,
l'idée me vint d'accoupler une série à une intermittence, et une intermittence à une série, ce qui double
juste la venue des coups doubles. Je me sentais plus
à l'aise, le jeu devenait plus actif et aussi plus régulier. Quelque chose pourtant m'intriguait, je n'étais
pas convaincu que l'analogie fût parfaite, et je me
tenais en éveil; j'avais soin, dans mes relevés, de
séparer les espèces, et bien m'en prit, car une fois
que le nombre des masses jouées acquit une certaine
importance, je pus remarquer que le produit bais-

sait sensiblement. Je me mis alors en quête de ce qui pouvait ainsi nuire à mon progrès, et je reconnus que ces nouvelles réunions ne devaient m'être d'aucun profit ; en effet, elles me donnaient deux fois deux, au lieu d'une fois quatre. Voici comment. La série seule et l'intermittence seule obtiennent 2|3 0|0 d'ascendance ; réunies par espèces, ces 2|3 se développent comme il a été expliqué, mais ensuite tous les mélanges possibles, ne pouvant rien ajouter aux 2|3 primitifs, réduisent le produit d'autant de parties que l'on fait réapparaître de fois la même figure.

Il résulte donc du mélange des séries et des intermittences que l'état des 47,272 masses jouées en double tableau serait réduit de moitié d'après les termes d'analyse, sans pour cela que le bénéfice net 1,095 masses fût réduit en rien.

CHAPITRE VIII.

DES DIVERSES FIGURES.

L'état ci-après est le relevé d'une figure observée en double, mais jouée simple. Comme expérience et application, c'est un travail très considérable, attendu que, pour obtenir tous ces coups dans l'ordre indiqué, si on ne piquait qu'une carte de haut en bas, il faudrait le débit d'environ deux millions cinq cent mille coups de banque.

Mes recherches à ce sujet commencèrent quand la banque de Hombourg, où je venais d'obtenir, au pair, 813 masses de bénéfice, rétablit le refait.

Voici les figures telles qu'elles doivent se présenter au moment de l'attaque :

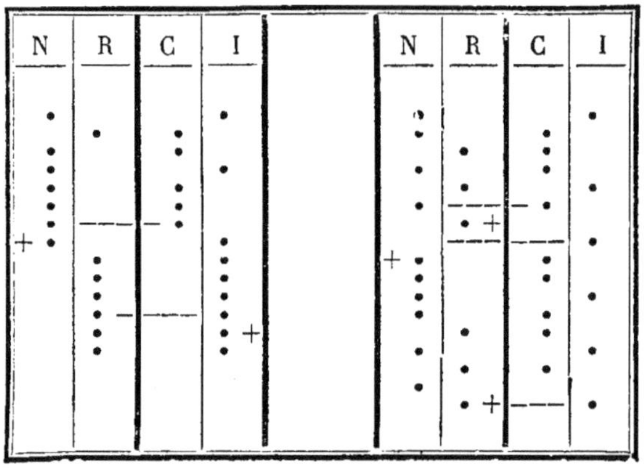

N	R	C	I		N	R	C	I

La première partie donne l'exemple d'une série de 5, ayant en regard une série de 3. Aussitôt je tire un trait pour me rappeler que le coup d'après je devrai masser pour que la série 5 devienne 6. Si je gagne, et que le guide 3 devienne 4, je joue ensuite une seconde masse sur la série 6 pour qu'elle devienne 7, et, quoi qu'il arrive, je ne joue plus, ne dépassant pas le nombre 7.

Dans la double série qui suit, le guide a commencé

au deuxième coup en regard de la série 5 ; alors j'ai mis une masse pour 6, et, bien que je l'aie gagnée, je n'ai pas répété, ne jouant deux coups de suite que lorsque le guide commence au troisième coup de la série 5. En d'autres termes, le guide cesse son action indicative dès qu'il a atteint 5 degrés.

La seconde partie donne l'exemple de figures intermittentes qui sont jouées exactement comme je viens d'expliquer les séries dans les deux cas.

La combinaison de ces figures porte sur la marche du jeu au moment de l'attaque ; quand le jeu est en série, l'attaque est pour la série ; de même pour l'intermittence. (Voir l'état ci-après).

ÉTAT GÉNÉRAL

par divisions

DES FIGURES OBSERVÉES EN DOUBLE, MAIS JOUÉES SIMPLES,

Comme il vient d'être expliqué.

DIVISIONS.	RECETTE.	DÉPENSE.	AVANTAGE.	TOTAUX.	BÉNÉFICE NET.
1re	5,424	5,111	313	10,535	243
2e	4,373	4,075	298	8,448	242
3e	3,120	2,557	563	5,677	525
4e	3,833	3,626	207	7,459	157
5e	4,656	4,245	400	8,911	340
6e	4,666	4,244	444	8.910	384
7e	4,979	4,863	100	9,832	35
8e	4,979	4,864	131	9,833	66
9e	3,708	3,527	179	7,235	131
10e	3,157	2,978	178	6,135	136
11e	3,165	2,870	298	6,035	253
12e	4,356	4,147	208	8,503	152
13e	1,384	1,215	169	2,599	151
	51,800	48,312	3,488	100,112	
		Oter pour droit . 673		Masses.	
			2,815		2,815 2 3/4 o/o

Les parties de mes relevés qui étaient trop fortes, je les ai partagées en deux divisions, c'est ce qui donne lieu aux répétitions entre les 5°, 6°, 7° et 8° divisions.

Ce jeu est très bon, mais fort lent si on ne pique qu'une carte, et d'une grande difficulté si on en pique deux. Un de mes amis, qui était à cette époque au courant de ma méthode et bien expérimenté, ne put jamais faire moins de 7 à 8 fautes dans le cours de quatre cartes, ou trente-deux tailles, notre journée courante.

Il s'est trouvé, dans le cours de ce travail, une période de vingt mille masses qui n'en ont donné que 101 de bénéfice. Ce sont toutes les difficultés d'exécution et les longues parties d'application sans produit, qui m'ont conduit à tant d'études. Mais dans une grande opération de contre-banque, tout ce que j'ai étudié et que je rapporte pourrait être mis en activité.

DE LA FIGURE 2 JOUÉE SIMPLE.

La figure 2 peut être jouée pour ou contre la gagnante; mais le produit change à raison du point de
départ.

Quand des séries de 2, 3, 4 et plus se succèdent,
à chaque changement de couleur, gardez-vous de
jouer contre la gagnante.

Mais lorsque le jeu étant intermittent, vous voyez
se former un troisième coup de 2, jouez sans crainte
pour qu'il ne devienne pas 3, c'est-à-dire contre la
gagnante.

Exemple :

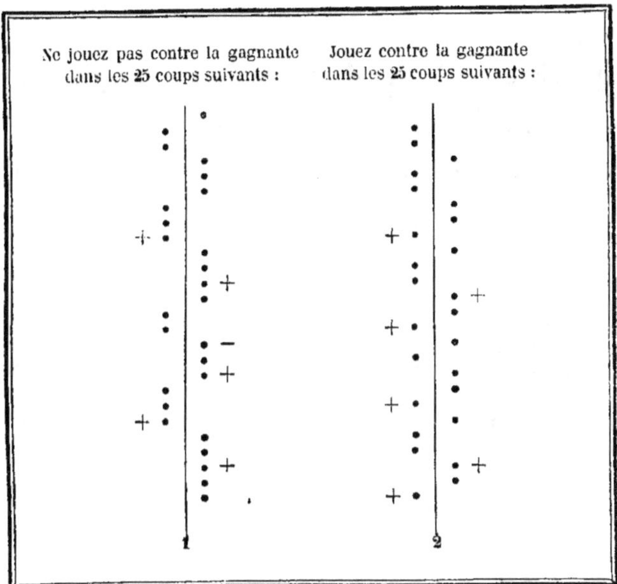

Dans l'un et l'autre cas, l'attaque ne doit commencer qu'au troisième coup de 2. Mais dans les deux
premiers du n° 1, il faut une série de 3 au moins
pour jouer le 2 qui suit.

Sur plus de cinquante mille que j'ai relevés, j'en

ai effectivement joué au moins la moitié, et obtenu plus de 2 p. 0|0 net.

Dans le chap. 7, j'ai donné le dessin des figures doubles 2—2 et 2—3, précédées de séries, ce qui veut dire qu'au moment de l'attaque le jeu n'avait pas un caractère intermittent. Je vais donner l'état d'opérations, tant d'épreuves que jouées effectivement, et dont les résultats se sont accordés. Ces applications réunissaient ces deux doubles figures, et la figure simple 2, jouée pour qu'elle reste 2, comme l'indique la colonne 2 ci-dessus, et que j'appelle contre 2.

Ce relevé de près de vingt-et-un mille masses n'a donné lieu qu'à des écarts très circonscrits, à peine de soixante-dix masses. En général, quoique trois cents masses de réserve eussent suffi dans l'application des figures que j'ai établies, j'engage le spéculateur à se tenir gardé de trois à cinq cents masses. Quand une méthode est bonne, on va toujours assez vite. De cette manière, on opère sans s'émouvoir d'un événement qui enlèverait la moitié du capital.

ÉTAT DE 20,704 MASSES

jouées par la marche

COMPRENANT LES FIGURES CONTRE 2, 2-2 ET 3-2.

CARTES.	FIG. CONTRE 2.		FIG. 3-2.		FIG. 2-2.	
	Recette.	Dépense	Recette	Dépense	Recette	Dépense
de 1 à 34	674	649	120	120	100	84
de 35 à 73	884	838	206	166	210	134
de 74 à 112	919	851	158	152	99	80
de 113 à 151	883	831	236	188	158	120
de 152 à 190	905	818	238	188	164	144
de 191 à 229	868	804	230	158	126	132
de 230 à 268	765	705	140	138	138	94
2e PARTIE.						
de 1 à 30	568	479	146	124	54	52
de 31 à 60	520	506	104	96	108	100
de 61 à 90	511	529	94	116	81	77
de 91 à 109	356	320	42	38	38	30
	7,853	7,330	1,714	1,484	1,276	1,047

RÉCAPITULATION.

7,853	7,330
1,714	1,484
1,276	1,047
10,843	9,861
9,861	

20,704 masses. Avantage. 982

Oter pour droit de banque 2|3. . 138

Bénéfice net. 844

On conçoit que lorsque la masse égale l'emporte d'une différence aussi forte, l'on puisse employer des martingales, si ce mode est mieux du goût du spéculateur. Toutefois, il est à remarquer que, dans l'état ci-dessus, il n'y aurait d'accessible à la martingale que la première partie, qui est une figure simple. Les deux autres étant des figures doubles, ne se prêtent pas aussi facilement aux progressions, car il en faudrait parfois sur le même coup deux ou trois.

Comme en général je joue pour qu'une figure s'élève, on ne peut épuiser immédiatement une progression. Il faut, après un coup perdu, attendre une nouvelle apparition de la figure pour jouer le second coup. Celui qui, contrairement, joue contre une série, ne s'arrête pas jusqu'à la dernière progression. Cette dernière manière de procéder est désastreuse, par l'état de fièvre où elle met le joueur, qui, le plus souvent, après son dernier coup perdu, ne se connaît plus, joue sans compter, vide son portefeuille, fouille dans ses poches, joue jusqu'à sa dernière pièce... Il m'est arrivé de quitter le salon fatigué de voir jouer de la sorte. Ma méthode a cela de bon qu'elle laisse son sang-froid au joueur, et lui permet d'opérer régulièrement

CHAPITRE IX.

DES FIGURES IMPAIRES.

Les figures impaires ont pour principe la dominante : on ne joue que du côté des séries et coups de 2. Le premier dessin que j'en donne, où sont marqués les coups de gain par une +, comme précédemment, donne lieu à un jeu très actif sur les deux tableaux ; mais on ne doit pas s'étonner en voyant, de temps à autre, des écarts de cent cinquante à deux cents masses. Ce que j'ai vu de plus extraordinaire, c'est un mouvement de bascule de cent cinquante à cent quatre-vingts masses, perte et gain, qui s'est maintenu à cette hauteur trois fois de suite. Cette longue période, jouée effectivement, comprend vingt-six mille masses, et donne un produit net de deux cent quatre-vingts masses, un peu plus de 1 p. 0|0.

Jusque-là, mes relevés d'impaires, comme on va les voir dessinées, s'élèvent à 62,258, donnant un avantage brut de 1,756, et net 1,339

La réunion des deux parties donne le chiffre de 88,258, et un bénéfice net de 1,619, 1 83|100 p. 0|0.

DESSINS DES IMPAIRES.

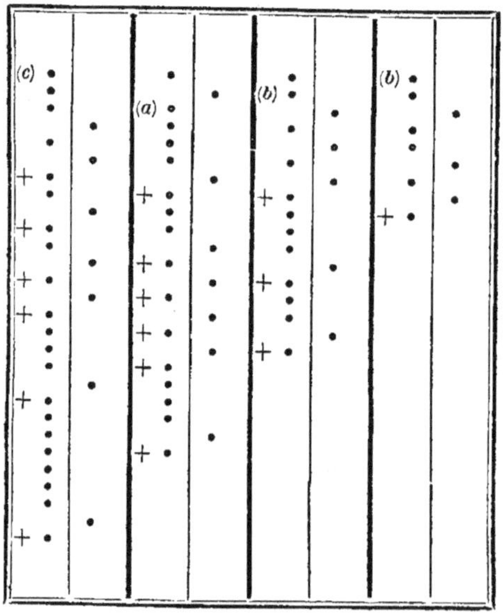

En commençant l'attaque, il faut que la série de 3 et plus soit précédée d'une impaire [a], et alors, à chaque intermittence impaire, c'est-à-dire sous la série, on joue un coup, et de deux coups l'un si l'intermittence continue. Si elle s'interrompt du côté pair, l'attaque cesse jusqu'à nouvelle figure.

S'il n'y a pas de série en tête, mais bien un coup de 2, c'est à la troisième impaire que commence l'attaque [b].

Si la série n'est pas précédée d'une impaire, on attaque la seconde qui suit la série [c].

AUTRE MANIÈRE DE JOUER LES IMPAIRES.

La cause des grandes perturbations que je viens de signaler est dans l'entrée des séries, à quelque degré qu'elles soient, ce qui porte souvent à attaquer sous une dominante fort lourde. On voit, malgré cela, que le produit est encore assez important.

Mais on peut éviter cette agitation en limitant l'attaque à la série 3. Si cette série est précédée d'une intermittence, on commence à jouer dès la seconde impaire suivante. Si la série est précédée d'une série ou d'un coup de 2, on ne commence qu'à la troisième impaire. Rien n'est changé aux impaires composées de coups de 2 et 1. A la suite d'un 2, c'est toujours la troisième que l'on joue. Lorsqu'au milieu des impaires il survient une série de 4 ou plus élevée, on ne la considère que comme une série de 2 ou de 3, et on ne reprend l'attaque qu'à la troisième impaire.

C'est ainsi que je les ai assez longuement pratiquées (vingt mille environ). Mais comme elles se trouvent considérablement réduites, bien que le produit en soit plus élevé de 1 p. 0|0 que dans l'autre manière, je les réunissais à d'autres figures.

Il est bon de commencer d'abord par une seule figure, et dès qu'on la possède bien, on en ajoute une autre.

DE LA FIGURE DOUBLE 3 ILLIMITÉE.

Dans la figure 3 illimitée, le 3 est le guide. Lorsqu'à côté d'une série de 4, 5, 6 et plus, il s'en rencontre une de 3, je les attaque toutes deux d'une masse double à cheval, ou de deux masses simples, et je continue pour la gagnante jusqu'à la perte d'une seule ou des deux à la fois.

En voici le dessin :

N	R	C	I

Le premier travail que je fis sur cette double figure était de quarante-un mille sept cent trente-deux masses. . . . . 41,732, donnant brut 1,008
Et net du droit de banque, 730 masses.

Une épreuve faite chez un ami s'élevant à . . . . 10,413, donna brut 178
Et net, 109.

Une troisième opération s'élevant à. . . . . 20,000, donna brut 118
Et perdit net 16 masses. Il y eut un écart de 204 masses.

Enfin, une opération faite sans désemparer, en deux parties égales et simultanément, la première partie, étant le relevé de la carte piquée par deux colonnes, s'éleva à . . . . 27,000, et donna brut 613
Et net, 434.

La seconde partie, étant le relevé de la même carte piquée par trois colonnes, s'éleva à . . . 26,600, et donna brut 499
Et net, 320.

Total des masses . . .	125,744	2,416
Oter pour droit de banque 2|3 p. 0|0.		839
Reste net. . .		1,577
		1 1/4 p. 0/0

Les deux dernières divisions m'ont donné fort à faire; car, voulant que ce travail ne laissât rien à dé-

sirer sous le rapport de l'exactitude, je dus vérifier
jusqu'à quatre fois certaines cartes. Les figures doubles, en général, exigent une grande attention. Ce
relevé comprend deux cent soixante-huit cartes de
trente-deux tailles, et pourrait être contrôlé depuis
la première jusqu'à la dernière masse.

Il n'en serait pas de même de quelques parties de
mes anciennes études, très exactes d'ailleurs, parce
que les cartes ont été perdues ; voici comment : Un
habitué du salon d'Hombourg, sachant que j'allais
partir pour Paris, vint me prier de lui prêter des
cartes pour des observations qu'il désirait pouvoir
faire en grand. Je devais être absent assez longtemps. Je lui prêtai donc douze cents cartes, quarante mille tailles ! lui recommandant d'en avoir
soin, ce qu'il me promit. En effet, il tint parole, car
lorsque je revins, il me dit d'un air souriant : « Je ne
sais ce que sont devenues vos cartes !... » Prêtez
votre argent ; mais les livres et les notes auxquels
vous tenez, ne les prêtez pas !

CHAPITRE X.

DES PAROLIS.

Si on joue une masse simple, et qu'ayant gagné on laisse les deux masses sur le tableau, cela s'appelle un paroli. Si on laisse encore les quatre masses, c'est un sept et le va. Mais en fait de progressions, je n'irai pas plus loin que le paroli, qui est de sa nature un coup double, et qui m'a paru être le plus accessible aux progressions.

Je regarde le jeu des masses égales comme le plus régulier, le plus convenable pour la spéculation.

Aucune manière de masser ne peut empêcher les écarts; c'est à l'étude des points où il est mieux de jouer d'en réduire la portée. Mais, dans tous les cas, une progression quelconque, appliquée aux mêmes coups et en même temps que les masses égales, donnera lieu, de temps à autre, à des perturbations d'argent beaucoup plus considérables que ces dernières, bien qu'on ait établi les enjeux de manière à ce que chaque partie fasse en moyenne un égal mouvement de fonds.

La cause de cette agitation particulière est dans la complication d'écarts des masses et des sauts de la progression adoptée, et aussi du refait frappant les derniers coups de la progression au-delà du terme moyen. A la longue, tout rentre sans doute dans l'ordre; néanmoins, il est toujours mieux d'éviter les émotions.

Mes relevés de coups joués en progressions de paroli s'élèvent à 156,293, qui ont donné 26,302 parolis, sur lesquels j'ai appliqué les progressions à partir de 15 coups, 16, 17, 18, 19, jusqu'à 20 coups inclusivement, et ces six progressions m'ont donné un produit à peu près égal de 2 p. 0|0 net; c'est donc dans ce rayon qu'il faudrait choisir. La progression de vingt coups emporte onze cent quatorze unités, et l'unité, à Hombourg, ne peut être moindre de deux florins (4 fr. 20 c.). La progression de quinze coups emporte deux cent soixante-trois unités. Les autres à l'avenant.

Quand on établit une progression de paroli, on ne doit pas chercher à gagner plus sur les derniers coups que sur les premiers; il suffit même de maintenir le pair aux derniers coups, si on monte au vingtième.

On voit qu'il n'est pas possible de faire en banque une petite affaire, si on veut mener de pair le paroli et la masse égale, puisqu'une progression emploie plus de quatre mille francs, et que, prudemment, il en faut avoir cinq à six, et même somme pour la masse égale. C'est donc cinquante mille francs qu'il faut avoir en caisse.

En outre l'application du paroli et de la masse égale veut un personnel assez nombreux, attendu que les deux parties sont jouées sur les deux ta-bleaux. En un mot, une contre-banque vraiment sérieuse doit être traitée administrativement.

PROGRESSION AU PAROLI.

PROGRESSION.	DÉPENSE.	MASSES.	PRODUIT.
1	1	1	3
2	3	2	5
3	5	2	3
4	8	3	4
5	12	4	4
6	17	5	3
7	24	7	4
8	33	9	3
9	45	12	3
10	61	16	3
11	82	21	2
12	110	28	2
13	147	37	1
14	197	50	3
15	263	66	1
16	351	88	1
17	469	118	3
18	626	157	2
19	835	209	1
20	1,114	279	2

J'ai établi cette progression par unité entière, et comme l'unité, à Hombourg, est la pièce de 2 florins, que le premier coup joué, on peut employer le florin ou demi-unité, il est facile de la réduire à mille, et de faire que les premiers produits soient les plus forts.

Je conseille de ne pas dépasser cette progression; vingt coups sont un bon terme, et qui équivaut approximativement à une martingale de dix coups. Dans les opérations que je me propose, je n'irai pas, je pense, au-delà de dix-huit progressions. Il ne faut pas craindre de sauter, mais s'assurer que les figures, ou points d'attaque, sont plus forts que le droit de banque, et alors marcher ferme.

TABLEAU

DU PRIX MOYEN DES PAROLIS D'UNE PROGRESSION AU PAROLI.

PROGRESSION.	VALEUR des différentes masses de la progression.	VALEUR des différents parolis.	NOMBRES progressifs et proportionnels des parolis que doivent produire. les différents coups de progression.	PRIX TOTAUX et proportionnels aux coups de la progression.
1	1	3	$236,409 \times 3 =$	709
2	2	5	$177,309 \times 5 =$	887
3	2	3	$132,980 \times 3 =$	399
4	3	4	$99,735 \times 4 =$	399
5	4	4	$74,801 \times 4 =$	299
6	5	3	$56,101 \times 3 =$	168
7	7	4	$42,076 \times 4 =$	168
8	9	3	$31,557 \times 3 =$	95
9	12	3	$23,668 \times 3 =$	71
10	16	3	$17,751 \times 3 =$	53
11	21	2	$13,315 \times 2 =$	27
12	28	2	$9,985 \times 2 =$	20
13	37	1	$7,484 \times 1 =$	7
14	50	3	$5,617 \times 3 =$	17
15	66	1	$4,213 \times 1 =$	4
16	88	1	$3,160 \times 1 =$	3
17	118	3	$2,370 \times 3 =$	7
18	157	2	$1,777 \times 2 =$	4
19	209	1	$1,333 \times 1 =$	1
20	279	2 (53)	$1,000 \times 2 =$	2
	1,114		942,641	3,340

Les parolis que produisent la première et la dernière progression sont dans le rapport de 236 à 1 ; ainsi, le terme moyen de leur valeur ne peut se trouver que dans le quotient du total de leurs produits proportionnels par le total de leur nombre proportionnel.

Ainsi, 3,340, somme totale de leurs produits par 942,641, est la réduction du problème ; l'on obtient 3,51 pour moyenne, et non 2,65.

CHAPITRE XI.

DES MARTINGALES.

.

La martingale consiste à jouer d'abord une masse simple : Si l'on gagne, on répète la masse; si l'on perd, on en joue deux, puis quatre, etc., en doublant toujours jusqu'à un coup de gain. Cette martingale s'appelle lente ou martingale $\div 1 : 2 : 4$, parce qu'elle se joue effectivement suivant cette progression géométrique.

Une autre espèce de martingale, appelée vive ou martingale : 1. 3. 7, parce qu'elle se joue effectivement suivant cette progression arithmétique, présente sur la précédente quelqu'avantage, en ce que l'une et l'autre étant formées d'une somme égale, celle-ci, sur un même nombre de masses jouées, fait une circulation d'argent moins forte d'un neuvième environ.

Cependant, pour que les deux martingales emploient la même somme, il faut que la première commence par 2, 4, 8, etc., quand la seconde commence par 1, 3, 7; or, si celle-ci fait de plus gros gains à mesure qu'elle monte sa progression, elle ne gagne qu'une masse simple à son premier coup, tandis que l'autre gagne le double; et, si le point d'attaque porte en soi un avantage de 1 ou 2 0|0, il pourrait être préférable de commencer par 2, 4, 8, etc., c'est-à-dire 1, 2, 4, etc.; car cette progression peut être jouée jusqu'au onzième coup, quand l'autre ne peut atteindre que le dixième, parce qu'elle dépasserait le maximum établi à Hombourg, seule banque où l'on puisse avec quelque raison appliquer la martingale.

J'ai dit que les progressions ne doivent être adoptées qu'autant que les figures jouées sont avantageuses à masses égales. Par progressions, je n'entends que les martingales ou parolis. Quant aux montantes et descendantes, elles sont tellement désastreuses, que je les repousserai toujours.

Voici les figures que je puis conseiller de jouer avec des martingales; elles donnent lieu à un jeu assez actif, surtout si l'on opère aux deux tableaux. Dans ce cas, il faut être deux et avoir deux martingales complètes, une pour la figure série, l'autre pour la figure intermittente. La martingale de neuf coups est une bonne moyenne.

Voir le tableau ci-après :

TABLEAU DES FIGURES POUR MARTINGALER.

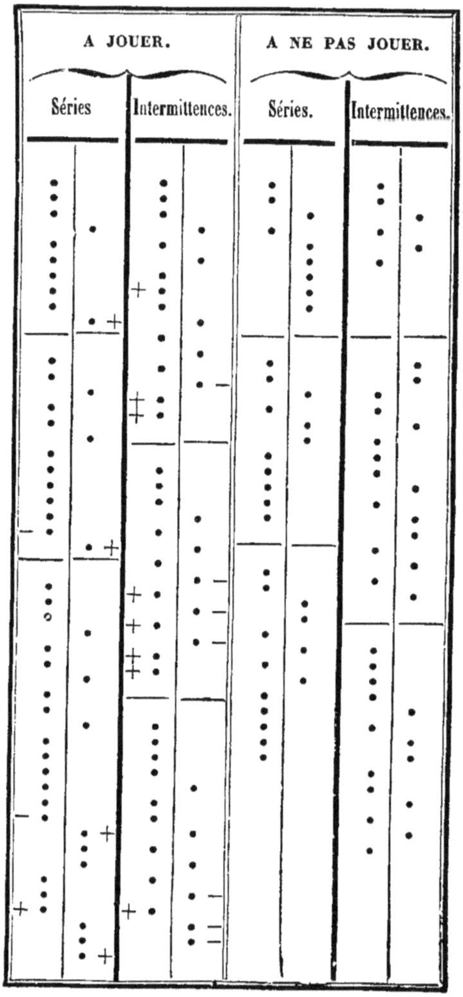

A JOUER.		A NE PAS JOUER.	
Séries	Intermittences.	Séries.	Intermittences.

Toutes les figures à jouer doivent avoir cinq coups effectifs, soit en série, soit en intermittences.

La série est jouée contre la gagnante ; mais, pour cela, elle doit être précédée d'intermittences ayant en tête un coup de 2 au moins, de manière que la série contre laquelle vous jouez au sixième coup soit toujours sous la couleur dominante. Mais si trois séries se suivent, ou plus, vous jouez toujours pour la gagnante au troisième coup.

L'intermittence est également jouée contre la gagnante au sixième coup, si elle est précédée d'une série quelconque ; si on perd, on joue pour la gagnante, parce qu'on revient sous la dominante ; si le coup est gagné, on répète contre la gagnante, comme les croix l'indiquent ; et si le second coup est gagné, on cesse de jouer jusqu'à nouvelle figure. De même, lorsqu'on a perdu deux coups de suite, on s'arrête. Il est entendu que la martingale est continuée d'une figure à l'autre, et qu'on la recommence à chaque coup de gain.

En général, les séries les plus élevées sont en dehors de la couleur dominante, qui se compose d'ordinaire de coups de 2, de 1, de 4, etc. — Quant aux figures de 5, intermittentes, si elles sont précédées de coups de 2 ou d'intermittences paires, il ne faut pas les jouer contre la gagnante ; dans la masse égale, en cet état, je les joue pour. Mais, pour la martingale, il y a assez des figures que je donne ; trop de jeu occasionnerait de graves erreurs.

Avec un peu d'habitude, on reconnaît d'un coup-d'œil ce qui ne doit pas être joué.

Pour opérer avec sécurité par martingale de neuf coups, il faut en avoir au moins cinq à six en réserve.

CONCLUSION.

J'ai donné le dessin des figures que présentent alternativement les coups de banque; j'ai indiqué la manière de les jouer et donné les états des opérations faites sur chacune; à cet égard, rien n'est douteux, car la presque totalité de ces relevés, réellement immenses, pourrait être verifiée. Pour ceux qui réfléchiront sur l'ensemble de mon travail, ils auront peine à croire que j'aie pu le porter aussi haut, mais des milliers de personnes m'ont vu à Hombourg, non pas jouer dans l'acception du mot, mais opérer, travailler sans relâche pendant dix années consécutives, au point que ma santé en est sensiblement altérée. En de pareilles recherches, les calculs mathématiques n'étant que secondaires, on ne peut répondre que des résultats obtenus sur une très grande échelle; c'est pénétré de cette vérité que j'ai mis tant de persistance à multiplier les faits. Je pourrais diriger une grande entreprise, mais opérer seul comme par le passé, je n'y saurais songer.

C'est assurément une bien grande question que j'agite aujourd'hui; elle aura du retentissement dans les lieux ou le jeu est en faveur; elle sera controversée, je n'en doute pas : les esprits forts nieront d'un mot, et courront perdre 10,000 francs d'un coup. Mais cela ne changera rien aux preuves que je donne. Les gens plus réfléchis et portés aux spéculations voudront voir par eux-mêmes. Pour cela, il n'est qu'un moyen, c'est de se procurer des relevés de banque considérables. Il y a dans les salons des personnes qui font des collections de tailles et en tirent quelques profits, on peut donc s'entendre avec elles. J'en donne déjà seize cents; les trois livres de tailles imprimées qui se vendent à Paris n'en contiennent en tout que quatre mille cinq cents. Il est, comme on le voit, facile de s'éclairer suffisamment, attendu que les nouveaux résultats devront s'accorder avec mes opérations.

Comme enfin, pour mon compte, la lumière a dissipé les ombres douteuses du hasard, je me sens autorisé à mettre au défi qu'on me présente jamais un travail régulièrement fait de l'une des figures contenues dans ce livre portant le chiffre de 45,000 masses égales, qui, le droit payé, ne priment la banque. Je fixe 45,000, parce qu'il emporte 300 masses du refait carte noire, et pour prouver une fois encore que là puissance du principe sur lequel repose ma méthode ressort avec d'autant plus de force qu'elle est longuement appliquée.

En d'autres termes, je défie que l'on me prouve autre chose qu'une perte de plus de 300 masses sur le même chiffre, si on opère au rebours de ce que j'indique.

Je tiendrais un pari de quelque importance que, sur une division de dix mille masses jouées sans progression aucune, je paierai le refait carte noire et primerai d'autant, et, de plus, je passerai remise de 10 p. 0|0 du montant de l'enjeu, mais à la condition expresse qu'il sera fait trois opérations semblables, et, pour l'argent, dans le rapport de $\because$ 1 : 2 : 4, quel que soit le résultat.

Il est dit dans la préface que je suis fort à certain jeu : il s'agit du jeu de dames à la polonaise. Ne voulant rien avancer que je ne puisse prouver, j'offre au premier amateur venu, Français ou étranger, de jouer dix parties à cinq napoléons, et je donne rendez-vous au Café de la Terrasse, boulevard Bonne-Nouvelle.

Et, pour que les forces soient bien comprises, le pari sera complété par dix parties *à qui perd gagne*, également à cinq napoléons. Qui perd gagne est aussi difficile que la partie ordinaire.

P. S. — Si je gagne, je mettrai le tout contre moitié seulement qu'il ne résoudra pas en vingt-quatre heures le problème que je lui poserai.

Tableau du mouvement progressif de 3,000 masses égales

PÉRIODES.	MASSES acquises.	GAIN.	PARTIE du gain retiré.	PARTIE du gain en réserve.
	napoléons.	napoléons.	napoléons.	napoléons.
1	150	750	250	500
2	150	900	300	600
3	150	1,050	350	700
4	150	1,200	400	800
5	150	1,500	500	1,000
6	150	1,800	600	1,200
7	150	2,100	700	1,400
8	150	2,400	800	1,600
9	150	3,000	1,000	2,000
10	150	3,600	1,200	2,400
11	150	4,200	1,400	2,800
12	150	4,800	1,600	3,200
13	150	5,400	1,800	3,600
14	150	6,000	2,000	4,000
15	150	6,750	2,250	4,500
16	150	7,500	2,500	5,000
17	150	8.250	2,750	5,500
18	150	9,000	3,000	6,000
19	150	9,750	3,250	6,500
20	150	10,500	3,500	7,000
	3,000		30,150 en poche.	60,300 en caisse.

Résultat général, 90,450 napoléons, ou 1,809,000 fr.

commençant à 100 fr. — Capital, 50,000 fr. ou 2,500 napoléons.

PROPORTION de l'élévation.	ÉLÉVATION de la masse.	MASSE courante.	OBSERVATIONS.
parties.	napoléons.	napoléons.	
500ᵉ	1	6	La réserve étant de 500 masses
600ᵉ	1	7	et les progressions ainsi établies,
700ᵉ	1	8	il ne peut y avoir le moindre
400ᵉ	2	10	danger, car selon le choix des
500ᵉ	2	12	figures, 200 masses n'auraient
600ᵉ	2	14	pas été une seule fois atteintes.
700ᵉ	2	16	Il arrivera parfois qu'on obtien-
400ᵉ	4	20	dra deux ou trois périodes sans
500ᵉ	4	24	secousses et promptement; d'au-
600ᵉ	4	28	tres fois il y aura écart ou len-
700ᵉ	4	32	teur, et une période prendra le
800ᵉ	4	36	temps de 2 ou trois autres; mais
900ᵉ	4	40	on doit continuer l'opération
800ᵉ	5	45	avec fermeté, et si elle est con-
900ᵉ	5	50	duite bien régulièrement, tout
1,000ᵉ	5	55	s'accomplira comme le marque
1,100ᵉ	5	60	ce tableau.
1,200ᵉ	5	65	Une application permanente
1,300ᵉ	5	70	donnerait ce résultat en 18 mois.

OBSERVATIONS

SUR LES TAILLES

FORMANT LA COLLECTION DES COUPS DE JEU

QUI TERMINENT CET OUVRAGE.

Pour faciliter les relevés de quelque nature qu'ils soient, je donne quarante mille coups de banque des deux tableaux suivis et sans séparation des tailles, supprimant les signes du refait inutiles dans le cours des recherches.

Les coups du 30—40 étant absolument semblables à ceux de la roulette, qui n'a pas de tailles, pourquoi mettre des séparations qui font perdre du temps et gênent par l'ajustement d'une taille à l'autre?

Quant au refait, on le décompte à la fin des opérations à raison de 1 1|3 p. 0|0 si on opère aux banques qui prélèvent le refait carte rouge et carte noire, ou de 2|3 p. 0|0 seulement si c'est à Hombourg, où le refait carte noire est seul compté.

J'ai, en maintes circonstances, vérifié le refait sur plus d'un million de coups, et l'ai toujours trouvé dans le terme de 1 1|3 p. 0|0 fixé par l'analyse.

Que l'on opère par progressions ou par masses égales, c'est sur tout le mouvement de l'argent joué qu'il faut soustraire le refait. Par exemple, si par martingale on a joué 93,660 fr., il faut ôter pour le refait   312
____

1 1|3 p. 0|0, ci   1,248 fr. du bénéfice.

Si, par masses égales, on a joué 30,000 fois, n'importe le taux, on doit déduire également 1 1|3 p, 0|0 des masses :   100
____

Ci,   400

Au refait carte noire, ce n'est que moitié à dé-
duire. On voit de quelle importance est la charge du
refa t. C la n'empêche pas nombre de spéculateurs
de jo er les chances simples au tableau de la roulette.

LISTE DES PAYS ET LIEUX

Où sont autorisées des Banques de jeu de Trente-Quarante et de Roulette

BELGIQUE...............	SPA.........	Trente-Quarante et Roulette	Refait plein — Deux Zéros.
DUCHÉ DE NASSAU.......	WIESBADEN....	Trente-Quarante et Roulette	Demi-refait — Un Zéro.
—	EMS..........	Trente-Quarante et Roulette	
PRÈS FRANCFORT/S/M....	NAUHE.M......	Trente-Quarante et Roulette	Quart refait — Un Zéro.
—	HOMBOURG.....	Trente-Quarante et Roulette	Demi-refait — Un Zéro.
GRAND-DUCHÉ DE BADE...	BADE........	Trente-Quarante et Roulette	Refait plein — Deux Zéros.
PRÈS FRANCFORT/S/M....	WILLEMSBADE..	Roulette	— Un Zéro.
PRÈS WALDECK..........	WUILDENGEN...	Trente-Quarante et Roulette	6 h. de 30-40. Roulette permanente. Quart de refait et Quart de Zéro. Minimum d'enjeu, 1/3 thaler (1 f. 25)
HANOVRE..............	NEUDORF......	Roulette	— Deux Zéros.
—	PYRMONT......	Roulette	— Deux Zéros.
PRÈS HAMBOURG.........	HELIGOLAND...	Roulette	— Deux Zéros.
SUISSE (ROUTE D'ITALIE).	SAXON........	Trente-Quarante et Roulette	Demi-refait — Un Zéro.
—	GENÈVE.......	Trente-Quarante..........	Refait plein — Séance de 2 à 5 h., et le soir de 8 à 2 h. du matin.
PRINCIPAUTÉ DE........	MONACO......	Trente-Quarante et Roulette	Deux Zéros.
BASSE-SAXE............	TRAVEMUNDE...	Roulette	Deux Zéros.

AUTRES JEUX AUTORISÉS

ITALIE.............	Loterie de 90 numéros.	HOLLANDE.............	Loterie d'immeubles.
AUTRICHE...........	Loterie de 90 numéros.	CONFÉDÉRATION GERM..	Loterie d'immeubles.
	FRANCE......	Loteries de bienfaisance.	

COLLECTION

DE QUARANTE MILLE COUPS DE BANQUE

POUR SERVIR A L'ÉTUDE DE DIVERSES APPLICATIONS.

N	R	C	I	N	R	C	I	N	R	C	I	N	R	C	I
	•	•		•	•	•	•	•	•		•		•		•
•	•	•	•	•	•	•		•		•			•	•	•
•	•	•	∘	•	•	•		•		•			•	•	•
•	•	•	•	•	•		•		•		•		•	•	•
•	•	•	•	•	•	•		•		•	•			•	•
•	•	•	•	•		•			•	•		•		•	•
•	•	•	•	•		•	∘		•	•		•		•	•
•	•	•	•	•		•	•		•	•	•	•		•	•
•		•	•	•		•	•		•	•	•	•		•	•
•	•	•	•	•	∷	•	∘		•	•	•	•		•	•
•	•	•	•	•	∷	•	•		•	•	•	•		•	•
•	•	•	•	•		•		•	•	•	•	•		•	
•	•	•	•	•			•	•		•	•	•		•	•
•	•	•	•	•		•	•	•		•	•	•	•	•	•
•	•	•	•	•		•	•	•		•	•	•	•	•	•
•	•	•	•	•			•	•	•	•		•	•		•
•	•	•	•	•		•		•	•	•		•	•		•
•	•	•	•	•		•	•	•		•		∘	•	•	•
•	•	•	•		•	•	•	•		•	∘	•	•	∘	•
•	•	•	•	•	•	•		•	∘	•	•	•	∘	•	•
•	•	•	•	•	•	•			•	•	•	•	∘	•	•
•	•	•	•		•	•	•		•	•	•	•	•		•
•	•	•	•		•	•	•		•	•	•		•		•
•	•	•	•		•	•	•	•	•	•		•			•
•	•	•	•	•		•	•	•	•	•				•	
•	•	•	•	•	•	•	•	∘	•	•		•		•	•
•	•	•	•	•		•	•	•	•	•	•	•	•	•	
•	•		•	•	•	•	•	•	•	•	•	•	•	•	•

N	R	C	I	N	R	C	I	N	R	C	I	N	R	C	I

N	R	C	I	N	R	C	I	N	R	C	I	N	R	C	I

N	R	C	I	N	R	C	I	N	R	C	I	N	R	C	I

N	R	C	I	N	R	C	I	N	R	C	I	N	R	C	I

N	R	C	I	N	R	C	I	N	R	C	I	N	R	C	I

N	R	C	I	N	R	C	I	N	R	C	I	N	R	C	I

N	R	C	I	N	R	C	I	N	R	C	I	N	R	C	I

N	R	C	I	N	R	C	I	N	R	C	I	N	R	C	I

N	R	C	I	N	R	C	I	N	R	C	I	N	R	C	I

N	R	C	I	N	R	C	I	N	R	C	I	N	R	C	I

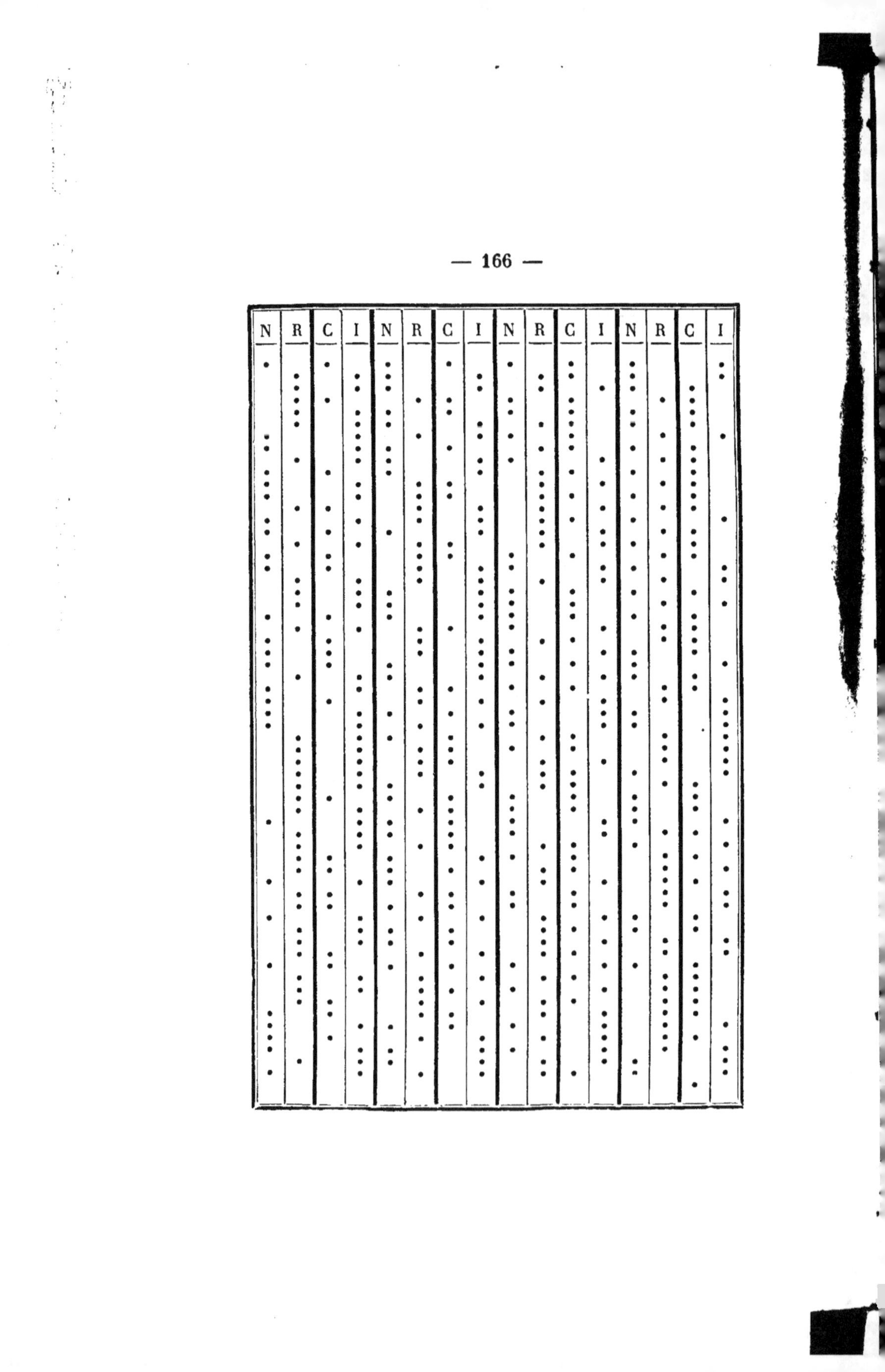

N	R	C	I	N	R	C	I	N	R	C	I	N	R	C	I	N	R	C	I

N	R	C	I	N	R	C	I	N	R	C	I	N	R	C	I

N	R	C	I	N	R	C	I	N	R	C	I	N	R	C	I

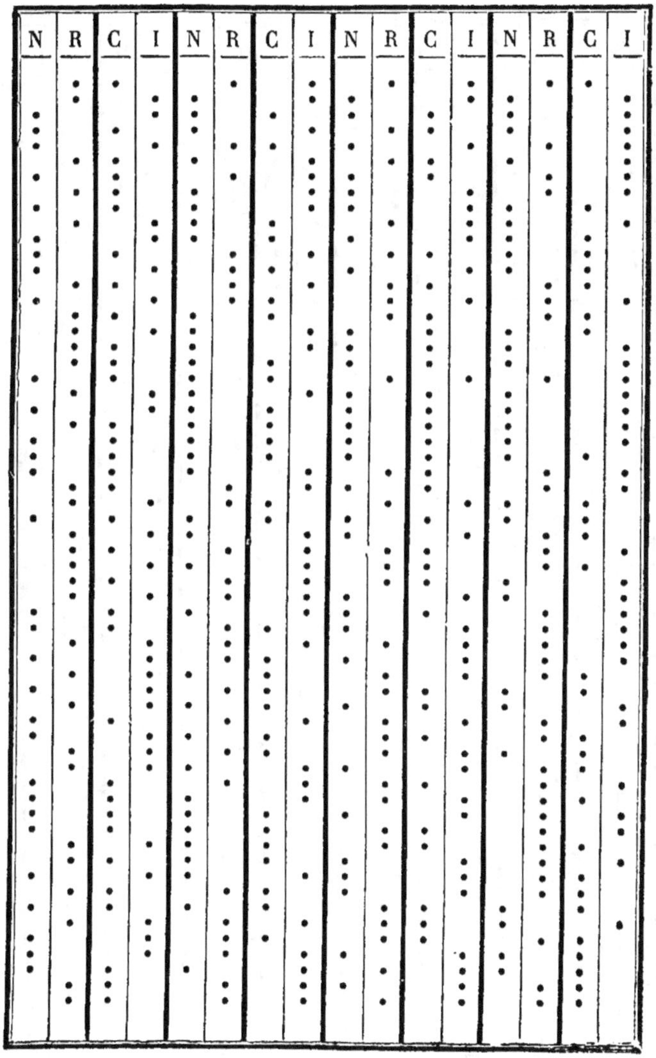

N	R	C	I	N	R	C	I	N	R	C	I	N	R	C	I

N	R	C	I	N	R	C	I	N	R	C	I	N	R	C	I

N	R	C	I	N	R	C	I	N	R	C	I	N	R	C	I

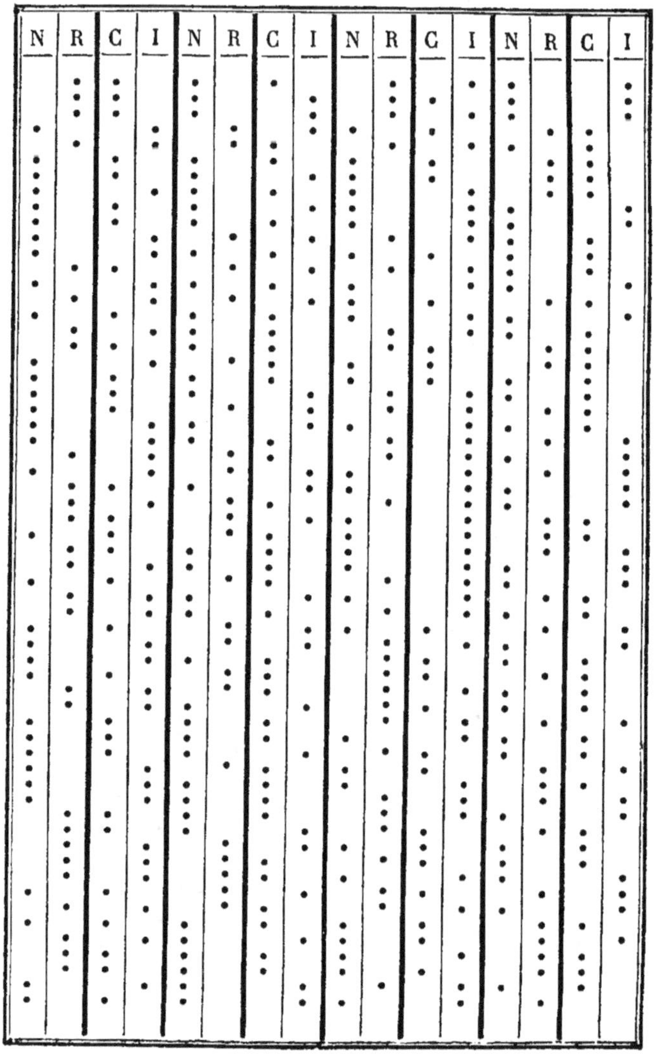

N	R	C	I	N	R	C	I	N	R	C	I	N	R	C	I

N	R	C	I	N	R	C	I	N	R	C	I	N	R	C	I

N	R	C	I	N	R	C	I	N	R	C	I	N	R	C	I

N	R	C	I	N	R	C	I	N	R	C	I	N	R	C	I

N	R	C	I	N	R	C	I	N	R	C	I	N	R	C	I

N	R	C	I	N	R	C	I	N	R	C	I	N	R	C	I
•			•	•	•		•		•	•		•		•	•
•		•		•		•			•	•		•		•	•
•		•			•	•		•		•		•		•	•
•		•	•		•	•		•		•		•		•	
•		•	•		•	•		•		•		•		•	
		•	•		•	•			•	•		•	•	•	
•				•	•	•		•				•	•	•	
•		•			•				•	•		•		•	•
•			•		•	•		•		•		•	•	•	
•			•		•	•		•				•	•		•
		•	•	•		•	•	•		•	•	•	•		•
•		•		•		•	•	•		•	•	•	•		
•		•		•			•	•		•	•	•			•
•		•		•			•	•		•	•		•	•	
		•		•			•	•		•			•	•	
•		•	•		•		•	•		•		•	•		•
•		•	•	•		•		•		•	•	•	•		•
	•		•	•			•	•			•	•		•	
•		•	•	•		•			•		•		•	•	
•		•	•	•			•	•		•		•		•	
•			•	•			•	•		•		•			•
	•		•		•	•			•	•		•			•
•		•		•			•	•		•		•	•	•	
	•	•		•		•		•		•			•		•
•			•	•			•	•	•		•		•		•
•	•	•		•			•	•	•	•		•			•
	•		•		•			•		•	•	•		•	

N	R	C	I	N	R	C	I	N	R	C	I	N	R	C	I	N	R	C	I

N	R	C	I	N	R	C	I	N	R	C	I	N	R	C	I

N	R	C	I	N	R	C	I	N	R	C	I	N	R	C	I

N	R	C	I	N	R	C	I	N	R	C	I	N	R	C	I

N	R	C	I	N	R	C	I	N	R	C	I	N	R	C	I	N	R	C	I

N	R	C	I	N	R	C	I	N	R	C	I	N	R	C	I

N	R	C	I	N	R	C	I	N	R	C	I	N	R	C	I

N	R	C	I	N	R	C	I	N	R	C	I	N	R	C	I

N	R	C	I	N	R	C	I	N	R	C	I	N	R	C	I

N	R	C	I	N	R	C	I	N	R	C	I	N	R	C	I

N	R	C	I	N	R	C	I	N	R	C	I	N	R	C	I

N	R	C	I	N	R	C	I	N	R	C	I	N	R	C	I

N	R	C	I	N	R	C	I	N	R	C	I	N	R	C	I

N	R	C	I	N	R	C	I	N	R	C	I	N	R	C	I

N	R	C	I	N	R	C	I	N	R	C	I	N	R	C	I

N	R	G	I	N	R	G	I	N	R	G	I	N	R	G	I

N	R	C	I	N	R	C	I	N	R	C	I	N	R	C	I

N	R	C	I	N	R	C	I	N	R	C	I	N	R	C	I

N	R	C	I	N	R	C	I	N	R	C	I	N	R	C	I

N	R	C	I	N	R	C	I	N	R	C	I	N	R	C	I

N	R	C	I	N	R	C	I	N	R	C	I	N	R	C	I

N	R	C	I	N	R	C	I	N	R	C	I	N	R	C	I

N	R	C	I	N	R	C	I	N	R	C	I	N	R	C	I

N	R	C	I	N	R	C	I	N	R	C	I	N	R	C	I

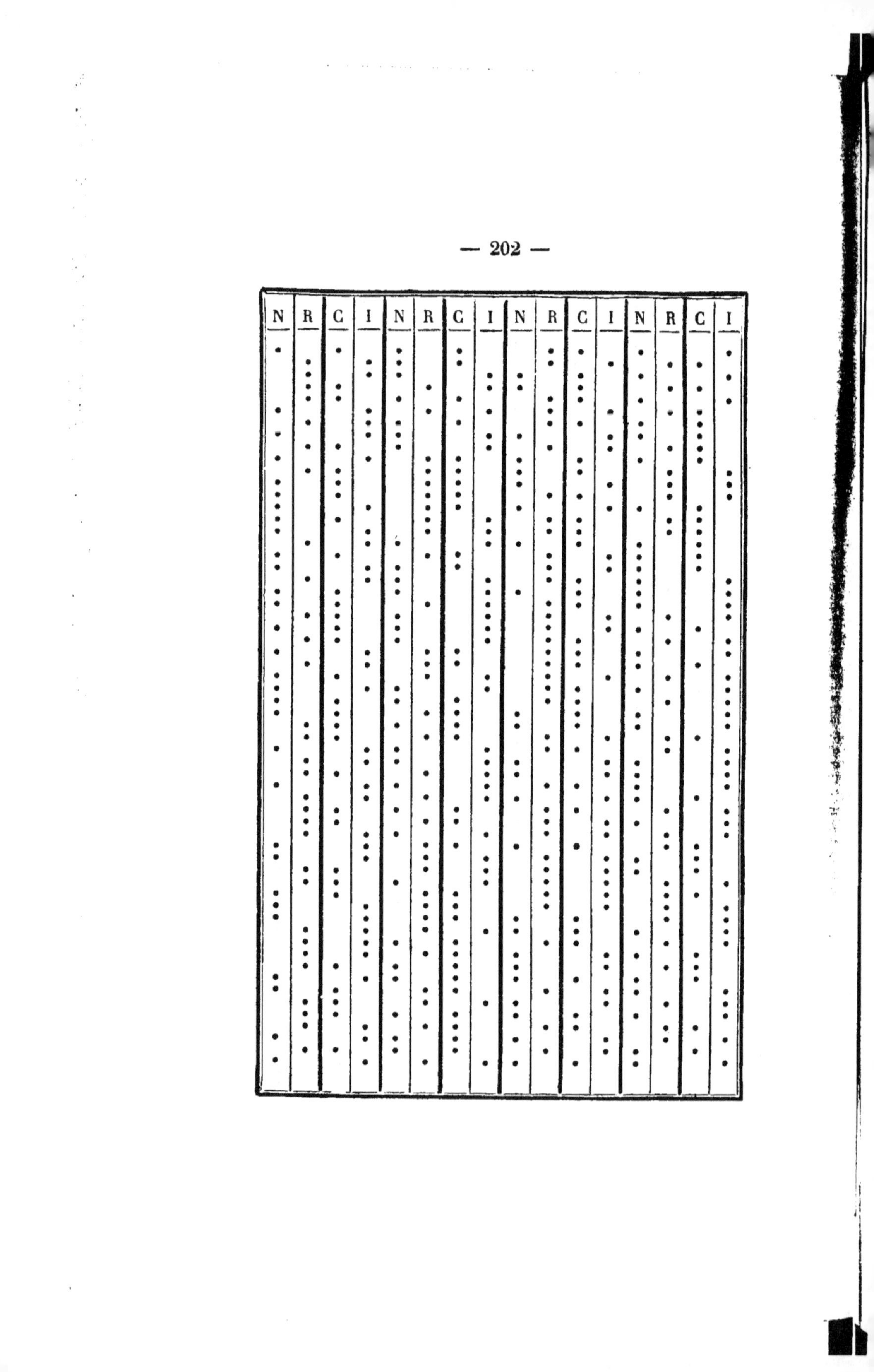

N	R	C	I	N	R	C	I	N	R	C	I	N	R	C	I

N	R	C	I	N	R	C	I	N	R	C	I	N	R	C	I

N	R	C	I	N	R	C	I	N	R	C	I	N	R	C	I

N	R	C	I	N	R	C	I	N	R	C	I	N	R	C	I

N	R	C	I	N	R	C	I	N	R	C	I	N	R	C	I

N	R	C	I	N	R	C	I	N	R	C	I	N	R	C	I

N	R	C	I	N	R	C	I	N	R	C	I	N	R	C	I

N	R	C	I	N	R	C	I	N	R	C	I	N	R	C	I

N	R	C	I	N	R	C	I	N	R	C	I	N	R	C	I

N	R	C	I	N	R	C	I	N	R	C	I	N	R	C	I

N	R	C	I	N	R	C	I	N	R	C	I	N	R	C	I

N	R	C	I	N	R	C	I	N	R	C	I	N	R	C	I

N	R	C	I	N	R	C	I	N	R	C	I	N	R	C	I

N	R	C	I	N	R	C	I	N	R	C	I	N	R	C	I

N	R	C	I	N	R	C	I	N	R	C	I	N	R	C	I

N	R	C	I	N	R	C	I	N	R	C	I	N	R	C	I

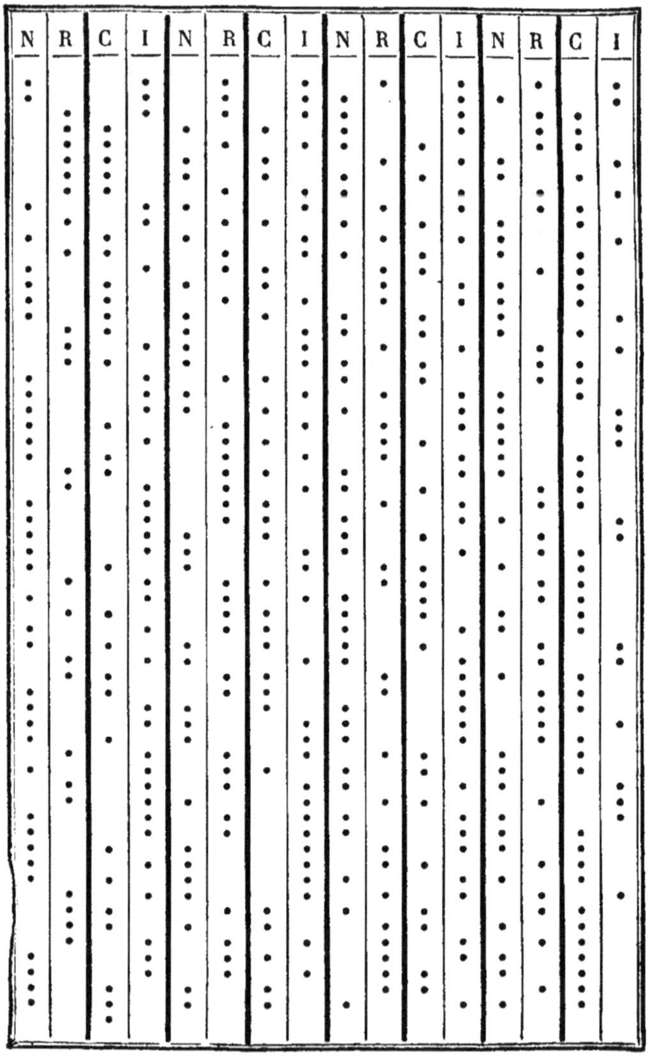

N	R	C	I	N	R	C	I	N	R	C	I	N	R	C	I

N	R	C	I	N	R	C	I	N	R	C	I	N	R	C	I

N	R	C	I	N	R	C	I	N	R	C	I	N	R	C	I

N	R	C	I	N	R	C	I	N	R	C	I	N	R	C	I

N	R	C	I	N	R	C	I	N	R	C	I	N	R	C	I

N	R	C	I	N	R	C	I	N	R	C	I	N	R	C	I

N	R	C	I	N	R	C	I	N	R	C	I	N	R	C	I

N	R	C	I	N	R	C	I	N	R	C	I	N	R	C	I

N	R	C	I	N	R	C	I	N	R	C	I	N	R	C	I

N	R	C	I	N	R	C	I	N	R	C	I	N	R	C	I

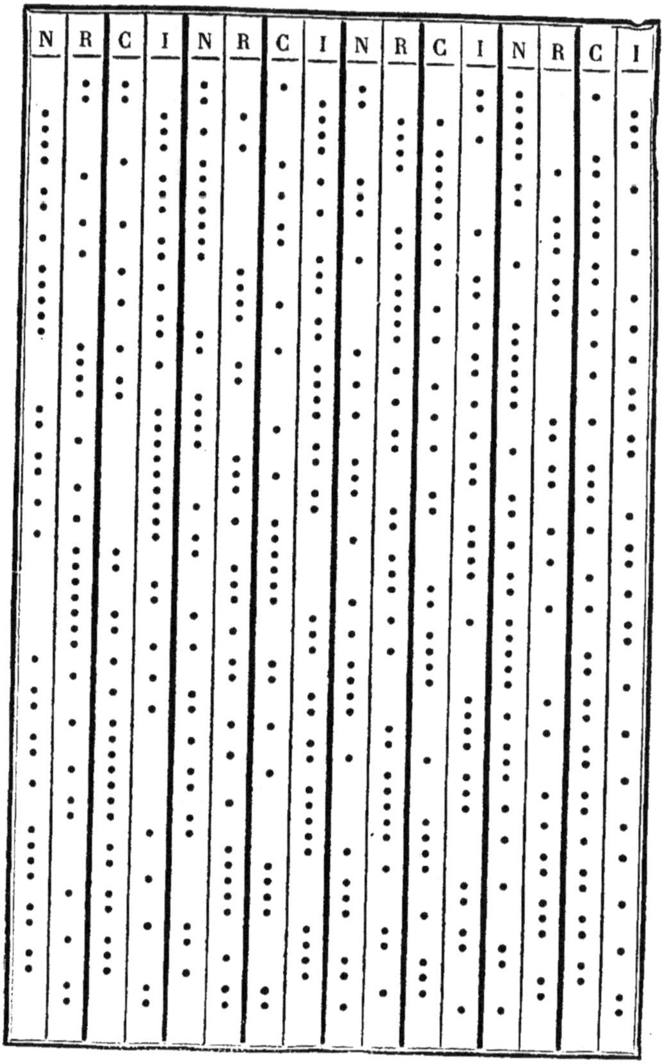

N	R	C	I	N	R	C	I	N	R	C	I	N	R	C	I

N	R	C	I	N	R	C	I	N	R	C	I	N	R	C	I

N	R	C	I	N	R	C	I	N	R	C	I	N	R	C	I

N	R	C	I	N	R	C	I	N	R	C	I	N	R	C	I

N	R	C	I	N	R	C	I	N	R	C	I	N	R	C	I

N	R	C	I	N	R	C	I	N	R	C	I	N	R	C	I

N	R	C	I	N	R	C	I	N	R	C	I	N	R	C	I

N	R	C	I	N	R	C	I	N	R	C	I	N	R	C	I

N	R	C	I	N	R	C	I	N	R	C	I	N	R	C	I

N	R	C	I	N	R	C	I	N	R	C	I	N	R	C	I

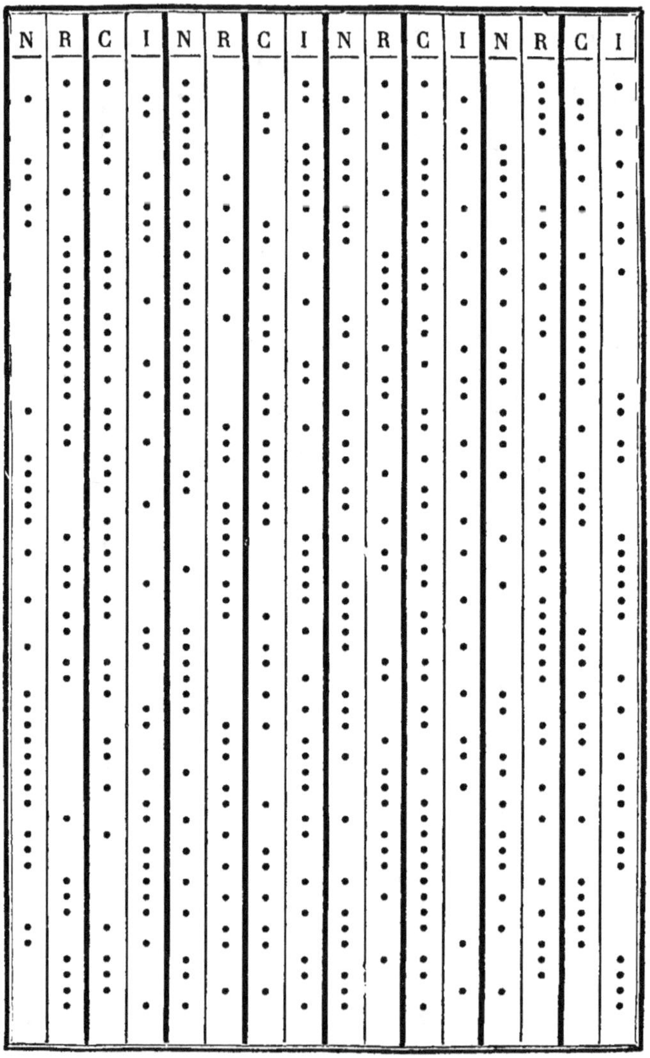

N	R	C	I	N	R	C	I	N	R	C	I	N	R	C	I

N	R	C	I	N	R	C	I	N	R	C	I	N	R	C	I
•	•	•	•	•	•	•	•	•	•	•	•	•	•	•	•

N	R	C	I	N	R	C	I	N	R	C	I	N	R	C	I

N	R	C	I	N	R	C	I	N	R	C	I	N	R	C	I

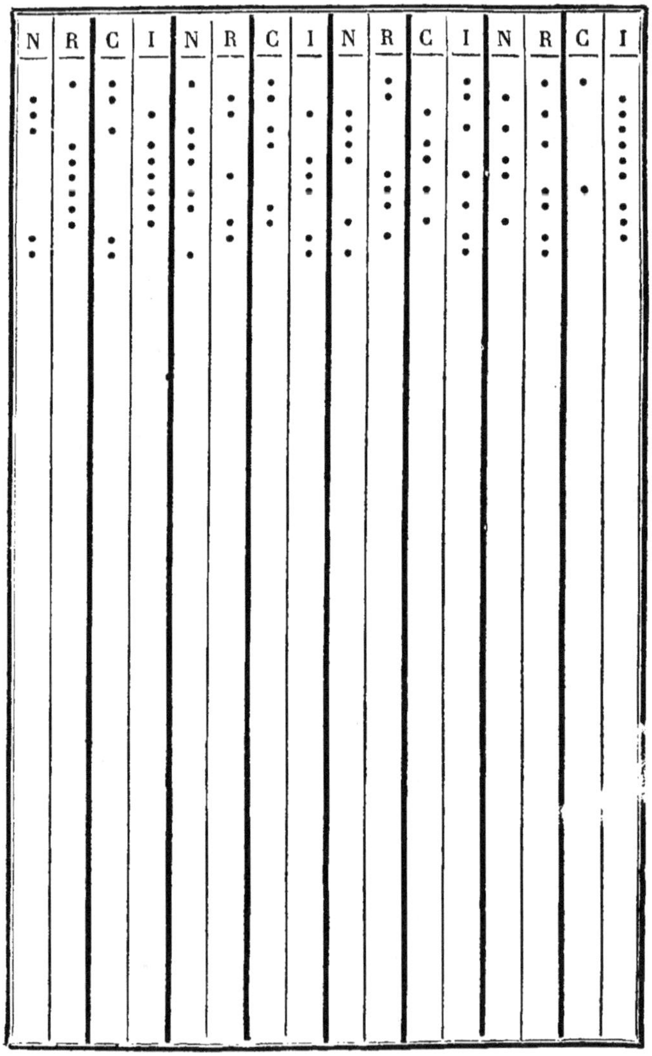

N	R	C	I	N	R	C	I	N	R	C	I	N	R	C	I

N	R	C	I	N	R	C	I	N	R	C	I	N	R	C	I

N	R	C	I	N	R	C	I	N	R	C	I	N	R	C	I

N	R	C	I	N	R	C	I	N	R	C	I	N	R	C	I

N	R	C	I	N	R	C	I	N	R	C	I	N	R	C	I

N	R	C	I	N	R	C	I	N	R	C	I	N	R	C	I

N	R	C	I	N	R	C	I	N	R	C	I	N	R	C	I

N	R	C	I	N	R	C	I	N	R	C	I	N	R	C	I

N	R	C	I	N	R	C	I	N	R	C	I	N	R	C	I

N	R	C	I	N	R	C	I	N	R	C	I	N	R	C	I

N	R	C	I	N	R	C	I	N	R	C	I	N	R	C	I

N	R	C	I	N	R	C	I	N	R	C	I	N	R	C	I

N	R	C	I	N	R	C	I	N	R	C	I	N	R	C	I

N	R	C	I	N	R	C	I	N	R	C	I	N	R	C	I

N	R	C	I	N	R	C	I	N	R	C	I	N	R	C	I

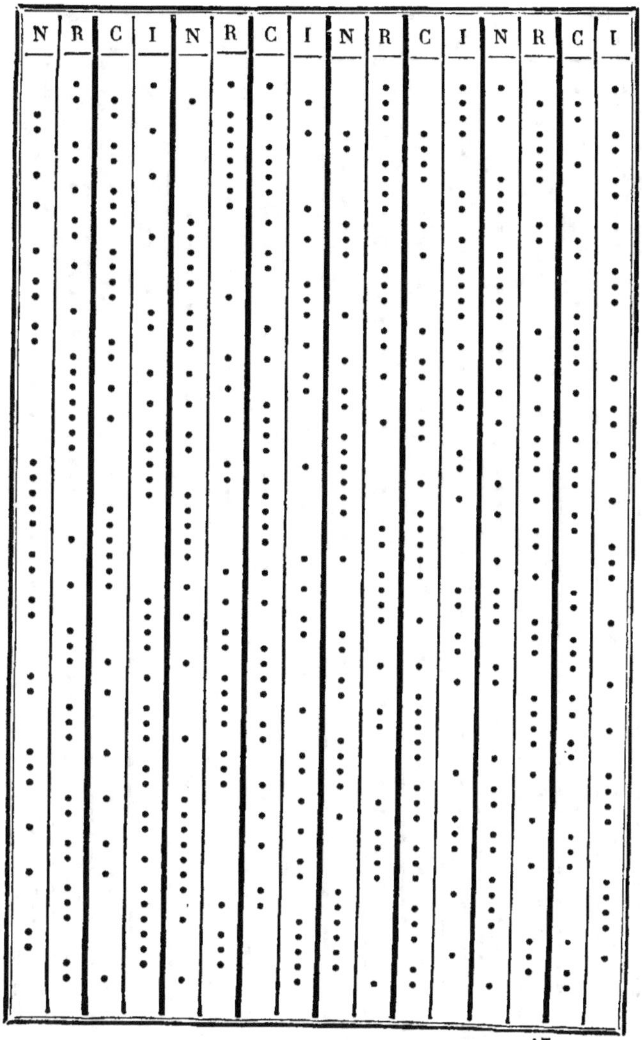

N	R	C	I	N	R	C	I	N	R	C	I	N	R	C	I
	•	•	•		•	•	•		•	•	•		•	•	•
•	•	•	•	•	•	•	•	•	•	•	•	•	•	•	•
•	•	•	•	•	•	•	•	•	•	•	•	•	•	•	•
•	•	•	•	•	•	•	•	•	•	•	•	•	•	•	•
•	•	•	•	•	•	•	•	•	•	•	•	•	•	•	•
•	•	•	•	•	•	•	•	•	•	•	•	•	•	•	•
•	•	•	•	•	•	•	•	•	•	•	•	•	•	•	•
•	•	•	•	•	•	•	•	•	•	•	•	•	•	•	•
•	•	•	•	•	•	•	•	•	•	•	•	•	•	•	•
•	•	•	•	•	•	•	•	•	•	•	•	•	•	•	•
•	•	•	•	•	•	•	•	•	•	•	•	•	•	•	•
•	•	•	•	•	•	•	•	•	•	•	•	•	•	•	•
•	•	•	•	•	•	•	•	•	•	•	•	•	•	•	•
•	•	•	•	•	•	•	•	•	•	•	•	•	•	•	•
•	•	•	•	•	•	•	•	•	•	•	•	•	•	•	•
•	•	•	•	•	•	•	•	•	•	•	•	•	•	•	•
•	•	•	•	•	•	•	•	•	•	•	•	•	•	•	•
•	•	•	•	•	•	•	•	•	•	•	•	•	•	•	•
•	•	•	•	•	•	•	•	•	•	•	•	•	•	•	•
•	•	•	•	•	•	•	•	•	•	•	•	•	•	•	•
•	•	•	•	•	•	•	•	•	•	•	•	•	•	•	•
•	•	•	•	•	•	•	•	•	•	•	•	•	•	•	•
•	•	•	•	•	•	•	•	•	•	•	•	•	•	•	•

N	R	C	I	N	R	C	I	N	R	C	I	N	R	C	I

N	R	C	I	N	R	C	I	N	R	C	I	N	R	C	I

N	R	C	I	N	R	C	I	N	R	C	I	N	R	C	I

NOTE RELATIVE AU TABLEAU DE LA PAGE 149

En raison de mes progrès dans l'établissement des figures de mon nouvel Échiquier, depuis que j'ai produit le tableau de la page 149 des bénéfices progressifs, les 90,450 napoléons à obtenir en 18 mois, d'après un capital de 50,000 francs, seraient acquis, je puis l'affirmer, dans le même temps, avec un capital de 25,000. '

ÉDITION DE L'ANNÉE 1870

PROPOSITION QUI N'A JAMAIS ÉTÉ FAITE ET QUE LES ÉTUDES INCESSANTES DE L'AUTEUR LUI PERMETTENT DE PUBLIER

Pour en venir à une méthode dégagée des nombreuses difficultés qui troublent l'opérateur, au Tapis, dans l'application d'une *masse égale*, beaucoup plus délicate que toute autre marche, il a fallu réviser et approfondir toutes les figures dont l'auteur a formé son Échiquier du Trente-Quarante, travail considérable accompli dans le cours des trois années qui viennent de s'écouler.

Aujourd'hui il est proposé à tout capitaliste des séances de 30-40, comme expériences, où 24 tailles seront débitées, soit au moyen du sixain de cartes, soit d'après des relevés exacts de banque, afin d'aller plus vite : dans ce dernier cas, c'est le capitaliste qui fournira les piqués de banque. Pendant la séance, il sera massé en moyenne cent coups, et chaque fois que l'auteur sera en perte, il payera 20 francs; au cas contraire, l'adversaire n'en payera que 15... l'enjeu pourra être plus fort. Mais il ne sera fait d'expérience qu'autant que 25 mille francs seront fournis pour une opération faite *à masses égales* de 400 francs. Les fonds ne courent aucun danger et l'importance très-capitale d'une campagne sera appréciée, au juste, après huit à dix séances qui seront répétées autant de fois que le demandera le capitaliste.

G. GRÉGOIRE.

Chez M. PASSARD, libraire, rue des Grands-Augustins, 9.

OBSERVATIONS SUR L'ÉCHIQUIER SUIVANT

L'auteur profite de la nouvelle édition de 1870 pour publier certaines études faites dans le courant des trois années qui viennent de s'écouler.

L'Échiquier, ou tableau des figures qui ont servi dans la très-grande opération qui va suivre, montre combien l'étude approfondie des figures influe sur la marche du prétendu hasard : dans le cours de cinq cents journées qui ont fait masser soixante-cinq mille fois, sans aucune progression, il ne s'est pas produit un seul écart de cinquante coups; tandis que le joueur qui se livre à ses inspirations ne saurait s'attabler douze à quinze jours sans en rencontrer plusieurs dépassant ce nombre.

Pour appliquer correctement l'Échiquier il le faut bien posséder de mémoire, car la banque débite vite; cela paraît d'abord très-difficile à saisir, mais en l'étudiant, en divisant les figures par catégories on arrive assez vite à s'en rendre compte. Presque toutes ont leurs contreparties et, parties et contreparties, sont attaquées au même point. D'ailleurs le spéculateur peut choisir un certain nombre de figures, se faire un échiquier à sa portée et au lieu de masser cinq à six fois par taille n'en jouer que moitié et, s'il est en fonds, les jouer plus fort : mais il doit avoir attention d'établir sa réserve de manière à n'être que très-rarement engagé du tiers du capital mis en application, pour cela cent-vingt à cent-quarante masses égales suffisent.

Pour les personnes qu'une étude trop sérieuse rebuterait, elles verront à la suite de l'état des cinq cents journées des marches simples et faciles, pas trop vives et néanmoins d'un produit régulier que la patience et l'exactitude rendront bientôt important; surtout pas de coup de tête... il faut prendre l'habitude de ne jamais jouer même une seule masse en dehors de la marche adoptée.

ÉCHIQUIER APPLIQUÉ SUR 600,000 COUPS DE BANQUE

OU 500 JOURNÉES DE 24 TAILLES DES DEUX TABLEAUX DONT L'ÉTAT SUIT :

ÉTAT

DE 500 JOURNÉES DE 24 TAILLES

A MASSSE A ÉGALES

	G		P	RÉSULTAT	
Journée.	66		53	12	
»	51		39	11	
»	55		45	9	
»	40		38	1	
»	63		37	25	
»	52		48	5	
»	57		35	21	
»	53		28	24	
»	48		33	14	
»	46		37	8	
»	55		47	7	
»	63		50	12	
»	47		55		9
»	66		44	21	
»	61		30	30	
»	63		57	5	
»	50		47	2	
»	45		44	»	
»	57		54	2	
»	54		50	3	
»	48		30	17	
»	48		44	3	
»	56		43	12	
»	63		30	32	
»	40		43		4
»	42		32	7	
»	44		20	23	
»	49		35	13	
»	47		31	15	
»	44		32	11	
»	45		44	»	
»	49		39	9	
»	29		32		4
»	41		46		6
»	57		34	22	
»	41		39	1	
»	50		54		5

	G		P	RÉSULTAT	
Journée.	50		40	9	
»	44		41	2	
»	65		46	18	
»	41		51		11
»	46		28	17	
»	54		32	21	
»	61		36	24	
»	53		39	13	
»	48		38	9	
»	62		50	11	
»	57		50	6	
»	59		47	11	
»	50		57		8
»	53		52	»	
»	46		39	6	
»	63		48	14	
»	61		46	14	
»	57		45	11	
»	65		55	9	
»	46		45	»	
»	61		55	5	
»	61		47	13	
»	82		63	18	
»	68		45	22	
»	79		53	25	
»	42		50		9
»	66		50	15	
»	53		41	11	
»	62		51	10	
»	56		56		1
»	68		58	9	
»	67		41	25	
»	51		55		5
»	87		44	42	
»	46		45	»	
»	47		38	8	
»	53		50	2	

	G		P		RÉSULTAT
Journée.	73		52	19	
»	70		55	14	
»	57		57		1
»	73		66	6	
»	57		54	2	
»	71		60	10	
»	69		50	18	
»	63		54	8	
»	78		48	29	
»	67		46	20	
»	64		53	10	
»	63		59	3	
»	74		60	13	
»	54		58		5
»	56		67		12
»	55		58		4
»	73		60	12	
»	81		45	35	
»	62		63		2
»	62		55	6	
»	74		65	8	
»	57		50	6	
»	60		46	13	
»	61		72		12
»	76		47	28	
»	70		56	13	
»	61		51	9	
»	63		49	13	
»	70		62	7	
»	74		54	19	
»	67		53	13	
»	79		50	28	
»	67		68		2
»	68		60	7	
»	80		61	18	
»	70		56	13	
»	55		53	1	
»	64		55	8	
»	76		63	12	
»	76		53	22	
»	61		56	4	
»	68		63	4	
»	62		63		2
»	55		47	7	
»	57		40	16	

	G		P		RÉSULTAT
Journée.	55		44	10	
»	52		64		13
»	59		53	5	
»	70		56	13	
»	64		52	11	
»	58		48	9	
»	63		59	3	
»	62		40	21	
»	59		45	13	
»	50		67		18
»	74		57	16	
»	61		60	»	
»	56		48	7	
»	64		61	2	
»	66		59	6	
»	57		56	»	
»	65		78		14,
»	63		50	12	
»	76		40	35	
»	65		70		6
»	69		70		2
»	65		50	14	
»	62		40	21	
»	54		74		21
»	59		58	»	
»	64		45	18	
»	69		39	29	
»	62		46	15	
»	63		63		1
»	58		53	4	
»	58		60		3
»	62		54	7	
»	55		57		3
»	63		60	2	
»	60		59	»	
»	55		48	6	
»	65		65		1
»	61		63		3
»	60		42	17	
»	54		63		10
»	61		43	17	
»	73		66	6	
»	78		63	14	
»	63		67		5
»	58		71		14

	G		P	RÉSULTAT			G		P	RÉSULTAT	
Journée.	76		63	12		Journée.	59		46	12	
»	61		53	7		»	62		50	11	
»	79		66	12		»	57		55	1	
»	71		56	14		»	68		52	15	
»	64		57	6		»	62		55	6	
»	63		67		5	»	77		56	20	
»	67		72		6	»	51		53		3
»	79		47	31		»	62		55	6	
»	58		59		2	»	59		57	1	
»	91		46	44		»	57		45	11	
»	67		67		1	»	54		55		2
»	50		42	7		»	49		47	1	
»	66		57	8		»	49		46	2	
»	83		53	29		»	33		34		2
»	61		47	13		»	63		56	6	
»	59		55	3		»	63		71		9
»	69		55	13		»	58		51	6	
»	62		53	8		»	62		45	16	
»	68		56	11		»	70		62	7	
»	63		49	13		»	71		72		2
»	50		68		19	»	89		53	35	
»	81		52	28		»	64		63	»	
»	64		56	7		»	83		58	24	
»	66		50	15		»	81		64	16	
»	58		52	5		»	78		57	20	
»	68		50	17		»	69		59	»	
»	70		61	8		»	86		72	13	
»	56		58		3	»	61		58	2	
»	66		53	12		»	81		66	14	
»	53		65		13	»	60		65		6
»	74		71	2		»	66		57	8	
»	63		57	5		»	53		54		2
»	50		34	15		»	74		48	25	
»	63		48	14		»	55		54	»	
»	58		47	10		»	67		54	12	
»	62		46	15		»	66		48	17	
»	62		47	14		»	70		51	18	
»	45		37	7		»	53		65		13
»	42		36	5		»	67		54	12	
»	58		53	4		»	54		59		6
»	54		53	»		»	58		61		4
»	60		43	16		»	60		54	5	
»	54		46	7		»	47		54		8
»	55		35	19		»	55		48	6	
»	56		51	4		»	55		48	6	

	G	P	RÉSULTAT			G	P	RÉSULTAT	
Journée.	71	63	7		Journée.	58	50	7	
»	62	60	11		»	56	59		4
»	51	72		22	»	68	50	7	
»	63	53	9		»	59	55	3	
»	64	65		2	»	51	55		5
»	54	50	3		»	68	55	12	
»	56	54	1		»	67	46	20	
»	45	56		12	»	70	50	19	
»	63	59	5		»	66	49	16	
»	71	53	17		»	62	55	6	
»	48	54		7	»	61	56	7	
»	74	43	30		»	77	64	12	
»	66	61	4		»	40	54		15
»	56	61		6	»	64	55	8	
»	70	67	2		»	63	46	16	
»	67	64	2		»	55	55		1
»	60	54	5		»	62	55	6	
»	57	64		8	»	52	44	7	
»	56	49	6		»	54	47	6	
»	51	49	1		»	62	53	8	
»	67	52	14		»	47	51		5
»	69	58	10		»	58	49	8	
»	61	62		2	»	63	66		4
»	55	44	10		»	62	64		3
»	54	55		2	»	57	51	5	
»	70	59	10		»	65	58	6	
»	63	52	10		»	60	56	3	
»	45	57		13	»	53	55		3
»	60	47	12		»	53	61		9
»	58	53	4		»	69	56	12	
»	67	70		4	»	59	61		6
»	61	52	8		»	48	58		11
»	67	69		3	»	63	52	10	
»	57	53	3		»	65	65		1
»	61	68		5	»	50	48	1	
»	48	56		9	»	66	47	18	
»	68	58	9		»	62	55	6	
»	73	45	27		»	52	56		4
»	66	57	8		»	56	51	4	
»	53	62		10	»	50	51		2
»	54	56		3	»	54	59		6
»	56	49	6		»	67	65	1	
»	58	48	9		»	51	52		2
»	61	60	»		»	58	42	15	
»	71	46	24		»	64	74		11

Journée	G	P	RÉSULTAT		Journée	G	P	RÉSULTAT	
Journée	56	53	2		Journée	62	43	18	
»	63	63		1	»	67	42	24	
»	76	49	26		»	55	62		8
»	60	42	17		»	58	53	4	
»	52	54		3	»	59	60		2
»	61	50	10		»	55	63		9
»	60	50	9		»	66	43	22	
»	56	64		9	»	64	54	9	
»	49	40	8		»	63	59	3	
»	42	50		9	»	50	70		21
»	59	57	1		»	74	57	16	
»	73	55	17		»	66	59	6	
»	72	57	14		»	77	68	8	
»	51	50	»		»	67	53	13	
»	69	55	13		»	78	69	8	
»	72	53	18		»	96	55	40	
»	67	58	8		»	91	80	10	
»	64	49	14		»	72	73		2
»	66	50	15		»	74	67	6	
»	57	43	13		»	69	63	5	
»	73	67	5		»	72	48	23	
»	73	59	13		»	75	58	16	
»	60	66		7	»	89	68	20	
»	52	72		20	»	71	71		1
»	53	55		3	»	54	54		1
»	66	60	5		»	71	71		1
»	62	64		3	»	62	61	»	
»	64	67	6		»	75	65	9	
»	67	60	6		»	83	66	16	
»	65	60	8		»	78	57	20	
»	61	45	15		»	73	70	2	
»	45	59		15	»	58	51	6	
»	42	45		4	»	72	61	10	
»	71	49	21		»	69	81		13
»	62	59	2		»	77	68	8	
»	72	41	30		»	73	83		11
»	52	55		4	»	70	61	8	
»	64	61	2		»	64	52	11	
»	68	52	15		»	67	58	8	
»	62	58	3		»	86	64	21	
»	63	52	10		»	79	56	22	
»	69	61	7		»	64	66		3
»	58	59		2	»	60	58	1	
»	57	57		1	»	78	60	17	
»	67	55	11		»	75	62	12	

	G	P	Résultat			G	P	Résultat	
Journée.	65	57	7		Journée.	66	61	4	
»	76	78		3	»	71	68	2	
»	78	61	16		»	86	71	14	
»	88	41	46		»	105	67	37	
»	79	61	16		»	78	85		8
»	60	64		5	»	75	56	18	
»	84	53	30		»	78	69	8	
»	75	77		3	»	102	62	39	
»	68	70		3	»	77	53	23	
»	70	64	5		»	76	56	19	
»	73	76		4	»	63	63		1
»	72	68	3		»	89	75	13	
»	63	57	5		»	68	66	»	
»	82	63	18		»	83	71	11	
»	69	70		2	»	71	65	6	
»	92	75	16		»	75	64	10	
»	77	64	12		»	67	68		2
»	77	76	»		»	89	47	41	
»	69	82		14	»	75	71	3	
»	72	64	7		»	82	77	4	
»	78	62	15		»	62	81		20
»	69	62	6		»	77	74	2	
»	65	65		1	»	68	62	5	
»	77	69	7		»	66	70		5
»	70	75		6	»	76	80		5
»	84	58	25		»	75	65	9	
»	75	63	11		»	76	56	19	
»	69	78		10	»	76	74	1	
»	60	54	5		»	65	66		2
»	71	72		2	«	76	70	3	
»	61	72		12	»	64	51	12	
»	61	61		1	»	68	53	14	
»	63	73		11	»	83	59	23	

RÉCAPITULATION PAR 20 JOURNÉES

	Recette		Dépense		Produit
	1092		869		223
	952		755		177
	1126		923		203
	1245		1021		224
	1319		1102		217
	1328		1101		227
	1253		1133		120
	1211		1082		129
	1387		1174		213
	1266		1081		185
	1154		980		174
	1327		1156		171
	1199		1105		94
	1216		1116		100
	1208		1108		100
	1207		1064		147
	1155		1121		34
	1211		1075		136
	1242		1114		128
	1233		1116		117
	1493		1279		214
	1438		1243		195
	1486		1350		136
	1494		1325		169
	1478		1323		155
Relevé non mis en journées	3056		2513		543
	34,776		30,229		

Coups massés 65,005 et plus de 4,000 net

Pour peu que l'on ait étudié le Trente-Quarante et la Roulette, car ces deux jeux sont identiques dans le débit des coups de banque, on comprendra qu'un travail régulièrement fait sur six-cent mille coups durant lesquels 65,000 ont été joués et 4,000 nettement produits ne saurait être un effet du hasard et que, pour l'homme sérieux qui veut spéculer et non jouer, il y a matière à faire valoir des fonds bien plus sûrement que dans des opérations de bourse.

La proposition faite plus haut de payer 25 0/0 de remise prouve à quel degré de certitude est parvenu l'auteur de ce traité. Il est malheureusement trop vrai que pendant nombre d'années une cause occulte a, les trois quarts du temps, nui à ses opérations effectives. Il lui était d'autant plus difficile de saisir cet obstacle qu'une partie du temps il l'évitait, mais sans s'en douter : c'est un détail qu'à l'occasion il expliquera verbalement. Quant à ses calculs, à ses nombreuses combinaisons, il n'y a jamais eu rien à changer que des études tendant à élever le produit le plus possible et modérer les écarts.

ÉTUDE D'UNE MARCHE EN DOMINANTE

VOICI une première étude d'une marche en dominante que le spéculateur pourra prolonger à son gré ; elle est facile et d'une application assez active.

J'en ai relevé l'état suivant :

		RECETTE		DÉPENSE	
	1re partie		656		528
	2e —		86		49
	3e —		299		235
	4e —		144		126
	5e —		167		124
Nulle	6e —		151		155
	7e —		171		158
	8e —		125		150
			1,796		1,525
			1,525		
			3,321	Avantage	271
				Droit	23
				Net	248

COUPS DE BANQUE EN DOMINANTE

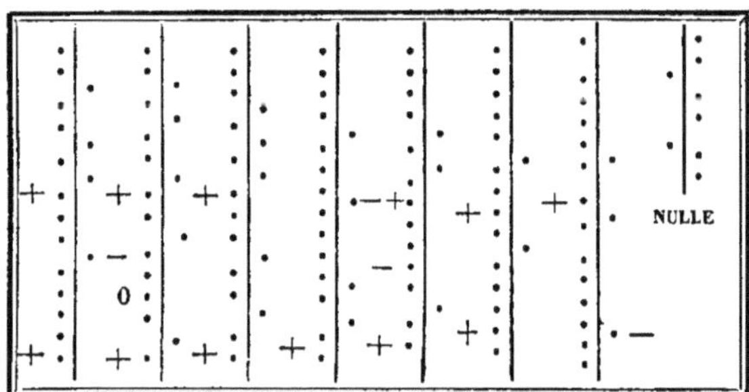

Il ne faut pas attaquer avant huit coups et reprendre sur huit de section en section comme il est marqué.

On peut voir page 121 l'application de 26,000 coups qui a été faite en banque par l'auteur sur les impairs et remarquer les trois écarts successifs de 150 à 180 masses égales qui ont rendu fort pénible cette opération. Étant revenu l'année dernière sur cette marche d'impairs très-facile à suivre l'auteur a trouvé un meilleur point d'attaque et fait certaines observations dont on reconnaîtra la valeur en comparant l'état qui va suivre de 26,672 ma̋sses aux 26 mille ci-dessus.

Ce grand travail fait par divisions de neuf journées au nombre de trente à été fait sur 240,000 coups de banque. Il pourrait donuer lieu à une entente entre le spéculateur et l'auteur.

ÉTAT D'UNE OPÉRATION DE 270 JOURNÉES DE 19 TAILLES

DES DEUX TABLEAUX FAITS SUR LES COUPS IMPAIRS

DIVISIONS de 9 journées		RECETTE		DÉPENSE
1re		474		448
2e		465		453
3e		461		406
4e		504		441
5e		458		440
6e		453		432
7e		450		418
8e		466		449
9e		497		464
10e		480		450
11e		453		426
12e		480		431
13e		452		451
14e		531		472
15e		470		413
16e		528		414
17e		470		422
18e		452		423
19e		434		422
20e		410		437
21e		520		536
22e		421		392
23e		391		450
24e		419		364
25e		461		441
26e		400		428
27e		338		264
28e		483		423
29e		516		445
30e		446		434
		13,783		12,889

Total 26,672 coups joués

TABLE DES MATIÈRES

Paris. — Imp. de Dubuisson et Ce, rue Coq-Héron, 5.